도서출판 대장간은
쇠를 달구어 연장을 만들듯이
생각을 다듬어 기독교 가치관을
바르게 세우는 곳입니다.

대장간이란 이름에는
사라져가는 복음의 능력을 되살리고,
낡은 것을 새롭게 풀무질하며, 잘못된 것을
바로 세우겠다는 의지가 담겨져 있습니다.

www.daejanggan.org

1세기 기록된 순서대로 서신서를 읽다

유기적 성경공부

지은이	진 에드워드
옮긴이	박인천
초판발행	2019년 1월 11일
초판2쇄	2023년 5월 24일
펴낸이	배용하
책임편집	배용하
디자인	배용하
등록	제364-2008-000013호
펴낸곳	도서출판 대장간
	www.daejanggan.org
등록한곳	충청남도 논산시 가야곡면 매죽헌로1176번길 8-54
대표전화	(041) 742-1424 전송 (0303) 0959-1424
분류	신약 | 성서연구 | 가정교회
ISBN	978-89-7071-463-9 03230
CIP제어번호	CIP2019000033

이 책의 한국어판 저작권은 Gene Edwards와 독점계약한
대장간에 있습니다. 무단 전재와 복제를 금합니다.

 값 18,000원

1세기 기록된 순서대로 서신서를 읽다

유기적 성경공부

진 에드워드

옮긴이 **박인천**

단순한 한 권의 책을 뛰어넘어

『유기적 성경공부』는 우리 기독교가 나아가는 길에 기념비적이고 획기적인 성과이며 역사적인 시도라고 말할 수 있다. 수세기 만에 처음으로 우리는 신약성경을 완전히 새로운 방법으로 이해하게 되었다. 전례 없는 이 연구를 통해 우리는 그동안 전혀 알 수 없었던 신약성경을 선명하게 보게 되었다. 이 책은 그동안 묶여있던 성경을 풀어내는 동시에, 지난 1800년 동안 우리의 눈을 가려왔던 수건을 벗겨 낼 것이다. 만약 이 책이 300년대에 나왔더라면 각 세기는 1세기 그리스도인들의 모범을 따르려는 그들만의 모델을 가지게 되었을 것이다. 아니면 적어도 1세기의 모델을 회복하고자 노력하는 역사가 진행되어 왔을 것이다. 이 책 『유기적 성경공부』가 특별한 이유는 바로 이것이다. 이 책은 1세기 기독교가 과연 어땠는지에 대한 선명한 관점을 제공해 준다.

신약성경의 혼란스런 배열이 지난 1800년 동안 우리에게 가져온 폐해는 이제 여기서 끝나야한다. 이 책은 우리가 견지해야 할 우리 신앙의 원형이 무엇인지 명확한 관점을 내놓는다.

『유기적 성경공부』는 성경을 다시 배우는 획기적인 방법을 제공할 뿐 아니라 우리 믿음의 삶을 개혁할 잠재력도 가지고 있다.

이 책이 어째서 특별하다는 것인가?

두 개의 서재가 있다고 가정해보자. 한 서재에는 지금 당신이 가지고 있는 성경의 순서대로 신약 27권이 배열되어 있다. 두 번째 서재엔? 오직 이 책 한 권뿐이다.

이 책이 당신의 손에 쥐어지기까지 저자는 초기 로마의 역사를 연구하는
데 평생을 보내야 했고, 신약성경을 처음 기록된 순서대로 배열하는 일에
40년의 시간을 소비하였다.

새로운 성경공부의 세계로 오신 것을 환영한다.

다음의 목차를 활용하라.

목차 1

사도행전 각 장에서 일어났던 일

목차 2

첫 1세기 교회시대인 30-70년 사이에 매해 일어났던 일들

목차 3

사도행전에서 바울이 서신을 기록했던 장소와 시간

옮긴이의 글 • 314쪽

목차 1

이 책의 페이지와 병행하는 사도행전의 본문

사도행전		쪽수
1	....	44
2	....	44
3	....	46
4	....	48, 50, 51
5	....	51, 53
6	....	55, 57
7	....	57
8	....	57, 61
9	....	57, 61
10	....	63
11	....	71, 73, 76
12	....	77
13	....	82, 94, 96
14	....	103, 114
15	....	114
16	....	140
17	....	140, 145
18	....	156, 159, 163, 172
19	....	163, 180, 191, 194, 199
20	....	222
21	....	222
22	....	222
23	....	229
24	....	229
25	....	235
26	....	235
27	....	242
28	....	242

목차 2

30-40년 사이, 매해 발생했던 일

연도	쪽수	연도	쪽수
30	44	58	222
31	46	59	229
32	48	60	235
33	50	61	235, 242
34	50	62	242, 245
35	53	63	250
36	55	64	266
37	57	65	271
38	61	66	278
39	63	67	282
40	67	68	286
41	71	69	290
42	73	70	291
43	76		
44	77		
45	80		
46	82		
47	94, 96		
48	103, 110		
49	114		
50	140		
51	145		
52	156, 159		
53	172		
54	180, 188		
55	191		
56	194		
57	199, 205		

목차 3

바울이 쓴 열 세 개의 편지 뒤에 숨은 배경

배경	연도	사도행전 본문	쪽수
갈라디아서	47–50	행 13:1–15:40	94
데살로니가전서	50–51	행 15:40–18:1	140
데살로니가후서	51–52	행 18:1–4	145
고린도전서	52–57	행 18:4–19:23	156
고린도후서	57년 말	행 20:1–4	199
로마서	58년 초	행 20:1–4	222

사도행전 끝

골로새서	58–63	적용할	222
에베소서	58–63	본문	222
빌레몬서	58–63	없음	222
빌립보서	58–63		222
디모데전서	58–65		222
디도서	58–65		222
디모데후서	58–67		222

이 책을 활용하는 독특한 방법

＊사도행전의 각 장을 읽고 그 장에서 무슨 일이 일어났는지를 이 책을 통해 배우라. 어떤 서신서들이 그 해에 기록되었는가? 이스라엘 안에서 일어난 일들 중에 그 본문의 사건에 영향을 끼친 것은 무엇인가? 사도행전 본문이 언급하는 로마의 상황은 어떤가? 그 로마의 상황이 당신이 읽은 사도행전 본문의 사건에 어떤 영향을 끼쳤나?

＊30-70년 사이, 각 해에 로마제국 안에서, 이스라엘에서, 그리고 그리스도인들 안에서 무슨 일이 발생했는지를 발견하라. 그 해에 기록된 서신서가 있는지 찾아보라. 그리고 바로 위에서 발견한 그 상황과 환경을 염두에 두고 그 서신서를 보라.

신성불가침 영역

신학교 두 번째 해에 나는 로마에 살고 있었다. 그 전엔 성지聖地에서 지냈는데 거기 살면서 나는 바울의 발자취를 추적했고, 그의 편지들이 기록되었던 시대와 장소들이 지금 내가 보는 신약성경의 순서들과 일치하지 않는다는 사실을 알게 되었다. 이것이 계속 마음에 걸렸다. 왜 우리는 바울이 기록했던 **순서**대로 그의 편지를 읽지 않는 걸까? 기록된 순서대로 읽어야 그 의미를 더 명확히 알 수 있지 않을까? 그때 내게 떠오른 말이 있었다. 나의 성경교사 중의 한 분이 하신 말씀이었다. "바울의 서신들은 모두 신약성경 한쪽에 몰려 있습니다. 그래서 우리가 찾아 읽기에 편합니다. 모두 하나님께서 베푸신 은혜 아니겠습니까?" 나는 그 말을 들으면서 성경학자들이 문서의 연대순에 전혀 관심이 없다는 사실을 알게 되었다.

깜짝 놀란 나의 반응은 이랬다. "바울은 51년에 데살로니가전서를 썼습니다. 디모데전서를 쓴 것은 67년이었습니다. 그런데 바울 서신들은 한 덩어리로 뭉쳐있습니다. **17년이라는 시간적 간격**이 무시된 채 말입니다. 이런 방식으로 어떻게 우리가 신약성경을 제대로 이해할 수 있습니까?"

그래서 나의 공부는 시작되었다. 그리고 이제 당신에게도 이 공부가 시작되어야 한다고 나는 믿는다.

당신이 가지고 있는 신약성경의 목차로 돌아가 보자.

바울이 13편의 서신을 각각 작성했던 시간적 순서는 지금 당신의 신약성경 속에 배열된 순서와 조금도 비슷하지 않다.

어떻게 이런 혼란이 찾아왔을까?

이 괴상한 신약성경의 배열은 A. D. 200년쯤, 낱개로 존재하던 신약성경 문서들을 한권의 책으로 묶어냈던 제본업자의 손에서 일어났다. 다시 말하면 신약성경은 **분량**이 많은 순서대로 배열된 것이다. 바울서신 또한 분량이 많은 편지에서 분량이 적은 편지 순으로 그 순서가 정해졌다. 그리고 우리는 지난 1800년 동안 그 문서들의 순서에 큰 관심을 두지 않고 그저 주어진 대로 읽어왔던 것이다.

나는 성지를 떠나 로마로 갔다. 내가 이 책에 나오는 여러 자료들을 처음으로 접하기 시작한 것이 바로 그 땅에서다. 그것은 단지 시작에 불과했다. 그 후 40년이라는 세월이 지났고 나는 그에 대한 자료를 탐구하고 글을 쓰는데 거대한 산 하나를 넘어야 했다.

1세기의 역사에 대해 신학교 교육이 내게 준 것은 거의 없었다. 이 주제에 대해 기독교 서적들이 다룬 내용들은 심각할 정도로 오류가 많았다. 그런데 바울서신들의 배열은 여전히 수정되지 않은 채 읽혀지고 있다! **당시 상황**을 설명한다며 1세기의 역사를 다루려는 시도가 있긴 했지만, 그 역시 열악하긴 마찬가지였다. 1세기의 기독교 역사는 연대순으로 전개되어야 한다. 동시에 로마제국, 이스라엘, 그리고 그리스도인들 …. 이 세 측면이 하나로 이해되어야 한다. 1700년 전에 죽은 한 제본업자가 우리에게 물려준 대로의 순서가 아닌, 그 문서가 원래 기록된 연대순으로 배열된 성경을 유기적으로 읽을 때 우리는 비로소 그 말씀을 제대로 이해할 수 있다. 그렇지 않으면 그 문서들이 주는 시간적 간격들로 인해 우리는 성경을 이해하는데 심각한 어려움을 겪게 된다.

우리가 그동안 의존했던 성경학자들은 로마제국과 이스라엘의 역사를 첫 세기 그리스도인들과 연관 짓는 방식을 무시해왔다. 그러나 이 세 가지를 같이 놓아야만 우리는 당시의 전체적인 상황과 그 가운데 전개된 일들을 제대로 이해할 수 있게 된다.

로마에 머무는 동안, 나는 1세기 로마의 전통적인 역사와 함께 당시로선 처음으로 시도되던 연구에 참여할 수 있었는데 그 연구는 오늘날 교회고고학이란 이름으로 전개되고 있다. 철저한 개신교도, 더구나 침례교도임에도 불구하고 당시 나는 예수회 학자들에게 많은 빚을 졌다. 특히 교회고고학에 대해 치기어린 질문을 던지던 19살의 풋내기를 그들은 오랫동안 잘 참아주었다.

> **교회고고학:** 대부분의 성경고고학은 구약성경에 초점을 두고 있지만 교회고고학은 30년부터 100년 사이의 증거들에 초점을 둔다. 현재까지도 이 영역은 초기단계의 연구에 머물러 있는데, 오늘날의 신학교육은 여전히 이 영역을 무시하고 있다.

나는 그곳에서 개신교도들이 접근하지 않는 장소들과 자료들을 접촉할 기회를 얻었다.

B.C. 4세기-A.D. 70년 사이, 특별히 사도행전과 바울서신들을 둘러싸고 실제 펼쳐졌던 일들을 알고 싶은 마음이 내안에 불타올랐다.

그리고 이 책은 그 이후 40년 넘게 달려온 열정의 결과물이다.

이제 우리는 오순절 날에 시작되어 예루살렘이 멸망하던 그 해까지 존재했던 교회들을 방문하고자 한다. 거기에 로마황제들, 제사장들, 군인들, 그리스도인들, 그리고 다른 많은 이들이 기다리고 있는데 그들이 그곳에서 정녕 무슨 일을 했는지 우리는 보게 될 것이다. 그렇게 함으로써, 그 해에 일어났던 일들과 당시 교회의 모습이 어땠는지를 우리는 비로소 알게 될 것이다. 이리저리 뒤섞여버린 사도행전과 바울 서신들을 통해서는 이런 재발견이 주어지지 않는다. 이것은 오직 병행되는 사건들을 통합적으로 볼 때만이 우리에게 주어지는 선물이다.

분명히 말하건대, 이러한 재발견은 충격적이고 혁명적인 이해를 우리에게 제공할 것이다. 어쩌면 그동안의 성경에 대한 이해가 허물어지면서 당신은 엄청난 혼란에 빠질 수도 있다. 그러나 그것이야말로 이 책이 의도하는 바이다.

당신이 알게 될 또 한 가지의 사실은, 오늘날 우리 그리스도인들이 기독교적인 신앙행위라고 믿고 행하는 많은 일들이 당시 1세기 그리스도인들과 아무런 상관도 없다는 충격적인 사실이다.

너무나 거대하면서도 너무도 다른, 그렇지만 지극히 성경적인 이 새로운 재발견이 우리 모두에게 도전을 던질 것이다.

오늘날 우리 복음주의적 기독교가 행하는 것들은 1세기 기독교가 행했던 것들과 대조해 볼 때 둘 사이엔 아무런 공통점이 없다.

독자들께!

바울의 서신들을 그것들이 원래 기록된 연대순으로 펼쳐놓은 다음 그 배경들을 조화시키면 우리에게 새로운 세계가 펼쳐진다.

지난 40년간 이 새로운 방식으로 성경을 보면서 나는 파노라마처럼 펼쳐지는 1세기의 독특한 장관을 발견했고 이 새로운 그림 속으로 당신을 초대한다. 이제 우리는 한 해 한 해, 그리고 신약성경의 문서들을 하나하나씩 답사해 나갈 것이다. 하나님의 말씀이 당신에게 선명하게 다가오는 것, 평면으로 보던 그 분의 말씀을 입체적으로 보며 순전한 기쁨으로 성경을 읽고 이해하게 되는 것, 그것이 내가 기도하는 바이고 그것이 나의 간절한 바람이다.

신약성경에 대한 유기적인 관점을 얻기까지 부디 당신의 여행을 중단치 마시기를 ….

그리고 이 책이 성경을 이해하는 새 날, 새 장을 열 수 있기를 ….

부디 그 능력이 회복되는 이정표가 될 수 있기를 ….

앨라배마 로아노크에서
진 에드워드

지난 1800년간
신약성경을
제대로 이해한 사람은
아무도 없었다

　여러분과 나를 포함, 세상의 어느 유수한 학자라도 신약성경이 말하고자 하는 바를 명확하게 이해하는 것은 어렵다. 왜냐하면 신약성경의 순서는 너무나 무질서하게 배열되었기 때문이다. 이 어지러운 신약성경의 문서 배열은 지난 1800년 동안 우리에게 너무나 불행스러운 결과를 가져왔다.

　무질서한 문서배열이 얼마나 안 좋은 영향을 끼쳐왔는지 바울의 서신들을 들여다보자. 바울 서신은 그 배경이나 순서, 그리고 맥락과 전혀 상관없이 뒤범벅 된 채로 신약성경 안에 배열되어 있다. 예를 들어 로마서를 보자. 로마서는 바울의 여섯 번째 서신으로 58년에 작성되었지만 서신서 중 첫 번째 자리에 배치되어 있다. 그다음 장을 넘기면 고린도 전·후서가 여러분 앞에 펼쳐지는데 이 두 편지는 로마서가 작성되기 전인 57년에 작성되었다. 그다음 여러분이 만나게 되는 것이 갈라디아서이다. 갈라디아서는 고린도서가 작성되기 7년 전, 그리고 로마서가 작성되기 8년 전에 교회에 보내진 편지이다. 즉 성경에 배열된 순서대로 바울서신을 읽다보면 당신은 거꾸로 성경을 읽는 셈이다. 그다음 펼쳐지는 서신이 에베소서, 빌립보서, 골로새서이다. 이 문서들은 63년에 작성된 편지들이다. 디모데전서와 디도서는 65년, 디모데 후서는 67년에 작성되었다. 놀라지 말라. 그다음 느닷없이 당신은 51년-52년 사이에 기록된 데살로니가 전·후서를 만나게 된다.

이 편지들은 디모데후서가 작성되기 16년 전에 기록된 편지이다. 마지막으로 당신이 만나게 되는 서신은 바울이 빌레몬에게 보낸 짧은 편지인데 결국 당신은 52년에서 갑자기 63년으로 건너뛰는 셈이다.

이렇게 뒤죽박죽 된 미로를 걸으며 당신이 서신서의 순서와 문맥, 그리고 배경을 이해한다는 것은 거의 불가능한 일이다.

이제 바울이 그 서신들을 작성한 연대순으로 성경을 보자. 거기에선 기독교 **첫 세기의 이야기**들이 자동적으로 모습을 드러낸다. 이해되지 않던 성경의 문서들이 마치 **새로운 성경이 출판된 듯** 불현듯 하나의 이야기로 당신에게 다가올 것이다.

이 책을 활용하는 방법

서신서	기록연대
갈라디아서, 데살로니가전·후서	50, 51-52
고린도전·후서	57
로마서	58
에베소서, 골로새서, 빌레몬서, 빌립보서	63
디모데전서, 디도서	65
디모데후서	67

　당신은 이 책에서, 서신서가 기록되던 당시의 상황과 배경들이 그 기록된 시대순서와 정확히 일치되는 것을 목격할 것이고, 그것은 마침내 신약성경을 이해하는 자리로 당신을 안내할 것이다. 그리고 그것이야말로 이 책이 목표로 삼고 있는 바다.

당신이 아무리 강권할 지라도…

　당신이 아무리 강권할 지라도, 대부분의 그리스도인들은 그들의 신약성경을 오래 들여다보지 않을 것이다. 거기에는 이유가 있다.

　신약성경을 한 번 읽은 사람도 다시는 그것을 반복하고 싶지 않을 것이다. 행여 지속적으로 읽더라도 그것이 무엇을 말하는지 이해하지 못할 것이다. 그러나 당신이 이 책을 다 읽고나면, 상황은 바뀔 것이다.

　두고 보자!

술주정뱅이가
우리에게 가르쳐주는 교훈

한 술주정뱅이가 그의 호텔방으로 비틀거리며 들어간다. 그는 변화를 갈망하고 있다. 절박한 마음으로 손을 뻗어 성경을 부여잡고 신약성경의 첫 번째 페이지를 펼친다. 거기서 그는 두 쪽짜리 족보를 만나게 된다. 그 족보가 그 사람에게 이해될거라고 생각하는가? 그럴 리가 없다! 그럼에도 역사상 가장 위대한 책인 우리의 성경은 그렇게 첫 페이지를 시작하고 있고 지난 1800년 동안 이런 방식으로 그 첫 페이지가 열려왔다. 게다가 이 터무니없는 성경의 도입부를 바꿔보자고 제안하는 사람조차 없었다. 그러는 동안 신약성경은 너무 많은 종교적 전통들에 묶여 이해할 수 없는 책이 되어버렸다.

이제 우리가 이 말도 안 되는 성경의 첫 도입부를 바꾸는 것으로 시작해보자! 신약성경은 **당연히** 마가복음으로 그 첫 페이지가 열려야 한다. 마가복음이 마태복음보다 **먼저** 기록되었다. 마가복음은 단순하고 명료하며 간결하고 아름다운 복음서이다. 주님 예수 그리스도의 삶을 소개하는 성경의 도입부분으로 완벽하다.

그러나 이 두 복음서의 순서는 그간 건드릴 수 없는 **작은 성역**으로 존재해왔다. 이제 신약성경 전체의 순서를 보자. 그것은 가히 믿을 수 없을 정도이다.

신약성경을 이해할 수 있는 이가
존재할 수 없었던 1500년의 세월

1500년 동안 신약성경은 일반인들이 사용하지도 않는 라틴어로 기록되어 있었다. 라틴어 이외의 언어로 성경을 번역하는 것은 사형 받을 각오를 해야 했다.

믿겨지지 않는가? 그러나 그것이 바로 가톨릭의 전통이다. 그렇다면 개신교 전통은 어떨까? 우리 개신교도들 역시 300년 이상 죽은 언어로 기록된 신약성경을 보유해왔다. 만약 어떤 개신교도가 정해진 번역본 이외의 다른 번역본으로 성경을 보자고 제안한다면 그는 이단자라는 의심과 편견의 시선을 받아야 했다. 이것이 바로 영국 왕 제임스를 따르는 개신교 전통이며 이 전통은 3백년 이상 성경에 족쇄를 채워왔다. 제임스 왕은 1670년에 죽었다. 그러나 사어死語가 된 이후로도 킹 제임스 버전은 300년 이상 동안 배타적으로 읽혀왔다.

이런 종교적인 전통들이 성경이 기록된 이래 성경을 이해할 수 없는 책으로 족쇄를 채워왔고 하나님의 말씀은 아직도 이런 종교적 전통들에 묶여있는 상태이다. 우리에겐, 지난 1800년 동안 신약성경의 이해를 가로막았던 이 종교적 전통들보다 훨씬 더 훌륭한 전통이 있다. 신약성경은 과연 이해 불가한 책인가? 한번 보자.

해독이 불가능한 신약성경

바울의 편지는 완전히 뒤죽박죽 배열되어 있다. 당신이 그리스어를 잘 아는 학자라 해도 신약성경을 이해하기란 쉽지 않다. 신약 성경 전체를 마음껏 인용할 수 있을 정도로 성경에 해박하다면 어떨까? 그래도 마찬가지다! 신약성경을 그리스어로 인용할 수 있다면? 조금은 도움이 될 수 있을지 모른다. 그러나 여전히 이해할 수 없는 것은 마찬가지다.

왜 그런가?

바울의 서신들이 괴상하게 배열되어 있기 때문이다.

게다가 우리는 1800년 동안 이 엉뚱한 배열에 길들여져 왔다. 카오스 상태의 이 순서를 풀어보려는 시도도 없었고 그 고유의 자리에 그것을 재배치하려는 시도조차 없었다.

다시 한번 분명히 말하건대, 이와 같은 바울서신의 혼란스런 배열은 우리로 하여금 역사상 가장 위대한 문서를 이해하지 못하게 가로막았다. 서신서가 그 고유의 자리로 돌아가지 않는 한 당신은 신약성경이 말하는 전체적인 내용을 결코 이해할 수 없게 될 것이다. 그러나 그 배열이 달라지면 모든 것이 달라진다. 전통에 얽매인 바울 서신의 배치는 이쯤에서 포기되어야 한다. 그렇지 않으면 신약성경은 영원히 이해 불가한 책으로 남게 될 것이다.

바울 서신들이 모두 인간적이라는 사실을 주목해 보는 것은 매우 흥미로운 일이다. 여기엔 바울이 다녀간 지역과 사람들, 그리고 그가 겪었던 사건들로 가득하다. 이것들은 바울 서신을 하나의 거대한 이야기로 만들 수 있게 해준다.

불행히도 신학적 사고들이 지난 1800년 동안 우리의 믿음을 지배해왔다. 그 결과 어떤 이야기편지가 앞에 오고 어떤 이야기가 뒤에 오는지와 상관없이 우리는 바울 서신들을 조각조각 연구해왔다. 편지 안에 살아 숨 쉬는 인간적인 역동성들이 무시되었다. 그 긴밀한 연관성도 무시되었다. 사건을 둘러 싼 정황들 역시 무시되어 왔다. 서로 연결된 **이야기**로서의 성경이 아닌 조각난 **구절**들에 대한 지식이 난무해왔다. 우리는 바울의 편지들을 냉랭한 논문처럼, 또 표면적이고 정적인 신학서적처럼 다루어왔다. 스스로도 모르게 우리는 종교전통에 얽매인 신약성경을 가지고 있었던 셈이다. 성경공부가 성경을 공부하는 것이 아니라 성경구절들을 공부하는 것이 되어 버렸다. 이로 인해 우리는 성경의 구절들은 알고 있지만 그 구절들이 만들어낸 **이야기**엔 문외한으로 남게 되었다.

이 책의 목적은 1800년 동안 종교적 포로상태에 놓여있던 신약성경을 풀어내어 선명하고 이해가능한 문서로 되돌리려는 것이다. 바울 서신들을 그 고유한 자리에 놓아보라. 신약성경이 살아 돌아올 것이다. 그 선명한 말씀에 당신의 가슴이 뛸 것이다.

만약 이랬다면?

만약 300년대에 신약성경이 원래 기록된 고유한 연대순으로 배열되기 시작했다면 로마 가톨릭 교회는 생겨나지도 않았을 것이고 개신교와 복음주의 교회 역시 존재하지 않았을지도 모른다. 말씀의 선명성, 이야기 전체에서 뿜어 나오는 메시지가 그것들의 태동을 막아냈을 테니까. 그러나 전체 이야기가 아닌 **몇몇 구절**들에 집중함으로써 우리는 어떤 새로운 시도조차 할 수 없었다.

만약 신약성경의 문서들이 원래 기록된 순서대로 배치되었다면 우리는 그 전체 이야기가 그려내는 1세기 교회의 모델을 알게 되었을 것이다. 그리고 그 1세기의 **이야기**에 주목해왔을 것이다. 그러나 그 이야기는 오늘날까지도 여전히 가려진 상태이다. 수백만 권의 기독교 서적을 가지고 있으면서도 우리는 **여전히** 신약성경을 읽으며 떠올릴 1세기 교회의 모형조차 그려지지 않는다. 오늘날조차도 마음속에 떠올릴 처음교회의 **이야기**가 없는 것이다.

이야기를 떠올리며 모형을 그린다는 것은 상상으로 무언가를 짜내는 것을 의미하지 않는다. 단절되지 않은 사건들로 이뤄진 전체 이야기를 가지고 있다면 단절되지 않은 하나님의 말씀이 주는 능력을 경험하게 된다.

그렇다면 그 **이야기**란 도대체 무엇을 의미하는 것인가?

신약성경의 자물쇠를 해제하는 절차들

이 책은 당신이 그 **이야기**를 어떻게 찾아낼지, 그 첫 모델을 어떻게 발견하여 신약성경을 이해하는 단계에 이를지 보여줄 것이다. 여기 당신에게 도움이 될 몇 가지 사전 단계가 있다.

1. 좋은 성경 번역본을 선택하라.
2. 연대기적 순서로 신약성경을 재배열하라.
3. 사도행전 안에서, 바울이 각 편지를 썼던 장소들을 확인하라. 모두 여섯 곳의 장소가 있다. 행 15:40; 18:1; 18:5; 19:23; 20:1-3; 20:3-4
4. 바울이 썼던 편지와 편지 사이엔 많은 시간이 경과한다는 사실을 주목하라.

5. 13개의 각 서신들이 기록되기 전 후에 무슨 일이 있었는지를 발견하라.

예를 들면, 갈라디아서와 데살로니가전서 사이엔 1년 반이라는 시간이 경과 한다. 이 기간에 무슨 일이 일어났는지 찾아보라. 그렇게 했을 때 전체 이야기를 구성할 작은 이야기가 생겨날 것이다.

여기에 각 편지들 사이에 경과한 시간을 채우는 방법이 있다.

- 그 1년 반 사이에 무슨 일이 일어났는지 사도행전이 말해주고 있다.
- 로마제국 안에서 일어난 사건들이 당신의 작업을 도울 수 있다.
- 편지를 수신자 입장에서 읽어라. 즉, 편지를 보낸 바울의 입장에서 읽지 말고, 그 편지를 받았던 교회의 입장에서 읽어라. 그것을 "거울요법mirroring"이라 부른다.
- 13개의 바울 서신을 각각 이렇게 공부하라.

이런 과정을 통해 우리 앞에 자동적으로 **이야기**가 태어나게 되고, 우리는 성경이 제공하는 전적으로 새로운 세계를 만나게 된다. 이렇게 이야기를 찾아내는 능력을 결코 과소평가하지 말라. A.D. 30-40의 **이야기**는 4복음서A.D. 26-30의 이야기만큼이나 선명하다.

모형

좋은 번역본과 원래 기록된 연대순으로 배열된 서신서가 준비되었다면 거기에 맞는 날짜와 시간과 장소 등을 적어 넣으라. 성경을 읽으면서 당신 자신도 모르게 마음속에 떠오르는 모형을 갖게 될 것이다. 이제 당신은 성경을 공부하는 혁명적인 방식을 갖게 되었다. 나는 그 혁명적인 성경공부 방법이 당신의 인생을 혁명적으로 바꿀 수 있기를 바라마지 않는다.

당신의 신약성경을 해체하라

어느 시점이 되면 난 당신에게 신약성경을 분해한 다음 그것을 연대기 순으로 다시 묶을 것을 요청할 것이다. 가능하다면 새로 시작되는 곳마다 백지를 한 장씩 끼워 넣을 것을 권한다.

어떤 번역본을 사용할지…

내가 추천하는 번역본은 두 가지뿐이다. 하나는 정확성을 기하는데 탁월한 뉴 아메리칸 스탠다드NASV 버전인데 꼭 업데이트 된 버전을 추천한다. 다른 하나는 뉴 리빙 버전NLT인데 명료함을 기하는데 매우 좋다. 특히 NLT는 내가 그동안 그게 가능할까 싶었던 명료함에 정확성까지 지원하고 있다.

바른 순서로 묶여진 신약성경을 갖는다는 것은 성경을 읽는 사람들에게 어떤 의미일까? 그렇게 된다면 우리는 아주 새로운 경험을 하게 될 것이다. 하나님의 말씀이 매력적이고 강력해져 우리의 관심을 사로잡게 되고 우리는 그 말씀에 귀를 기울이며 그것을 내려놓을 수 없게 될 것이다. 간신히 글을 읽는 사람조차도 반복하고 또 반복해서 그 책을 읽게 될 것이다!

낯선 연대(30~70)

30-47년은 대부분의 그리스도인들에게 낯익은 시간들이다. 그러
나 47-70년은 그리스도인들, 심지어 학자들에게도 낯선 년대이
다. **유기적 성경공부**는 30년에서 시작하여 70년도에 끝을 맺는다.

이 시대를 잘 배워두라. 왜냐하면, 그 시대야말로 혁명적인 시간들이었
기 때문이다!

당신과 나는 이제
1세기를 여행하게 된다

우리는 로마제국의 역사를 누가가 기록한 사도행전의 관련 부분과 조화시킬 것이다. 그리고 바울이 편지를 썼던 모든 장소들을 사도행전에서 찾아볼 것이다. 또한 그가 하나의 서신을 보낸 후 또 다른 서신을 쓰기까지의 시간적 공백들을 재구성 할 것이다. 이를 통해 당신은, 바울이 그 편지를 쓸 수밖에 없었던 사건들과 환경들을 명백히 보게 될 뿐 아니라 편지 속에 나타나는 사건과 정황들을 정확히 이해하게 될 것이다. 이런 작업이야말로 우리로 하여금 신약성경을 전체적이고 통전 적으로 보게 만들어 서기 30-70사이의 그 **이야기**들과 우리가 재회하도록 안내할 것이다. 도움이 될만한 또 다른 이야기들도 등장하지만 그것이 그렇게 주제넘진 않을 것이다.

서기 30년과 만나다

서기 30년은 기독교 신앙과 가장 밀접한 해이다. 이 해에 예수 그리스도께서 십자가에 못 박히셨다. 오순절 성령의 역사가 일어난 것도 바로 이 해이다. 하지만 서기 30년은 기독교뿐 아니라 로마제국에 영향을 미쳤던 중요한 사건들도 가득 찬 해이다. 이 두 역사적인 기록을 조화시키는 것이야말로 하나님의 말씀을 입체적으로 볼 수 있게 해준다. 그를 통해 우리는 신약성경에 대한 1차원적이고 정적이며 평면적인 시야에서 벗어나 다차원적인 시야를 가질 수 있게 된다. 그리고 비로소 우리에게 소중한 사건들의 전체 모습을 볼 수 있게 될 것이다.

그렇게 되면 모든 것이 달라 보일 것이다. 이전에 전혀 볼 수 없었던 어떤 것들이 눈에 들어오게 되고 이는 더 넓어진 세계, 알지 못했던 세계를 우리 앞에 열어놓을 것이다.

예를 들어, 기독교 문헌 중 가장 초기에 기록된 문서가 탄생한 년도와 그 정황을 살펴보자. 사도행전 15:40에 의하면, 갈라디아서는 서기 50년 봄에 기록되었다.

> 사도행전 15장 40절을 근거로 갈라디아서의 기록년도를 50년으로 잡는 이유가 있다. 사도행전 15장 40절은 바울이 바나바와 다투고 실라와 함께 2차 전도여정을 떠나는 사건을 증언한다. 바울이 실라와 2차 전도여정을 떠난 것은 서기 50년 예루살렘 공의회에 참석하고 나서 안디옥 교회로 복귀한 직후이다. 안디옥 교회로 복귀하고 나서야, 바울은 자신이 개척한 갈라디아 네 교회에 율법주의자들이 들어와 해를 끼쳤다는 소식을 접한다. 그리고 바로 갈라디아서를 쓴다. 그러므로 사도행전 15장 40절이 갈라디아서의 기록년도를 증언하는 것이다-역주

하지만, 그 해는 예루살렘 공의회가 열린 해일 뿐 아니라, 약 2만 명의 유대인들이 로마로부터 강제 퇴출된 해이기도 하다.

독자들이여! 그것이 바로 **새로운** 신약성경을 보게 된다는 단편적인 의미 중에 작은 한 가지다.

당신과 나는 이제 갈라디아서에서 요한계시록에 이르는 신약성경의 모

든 책들을 그들이 각기 처한 상황과 환경에 비춰 볼 것이다.

성경에 나오는 중요한 사건들이 로마제국의 저자거리에서 회자되는 느낌에 당신도 점차 익숙해질 것이다. 서기 51년은 50년도만큼이나 파란만장한 해였다. 로마의 저잣거리 역시 그 해의 사건들로 웅성거렸다. 우리의 여행은 거기서부터 시작된다.

예루살렘 계통의 교회들
서기 30년-47년

유대, 사마리아, 그리고 갈릴리에 세워진 교회들은 모두 예루살렘 교회에서 흘러나온 교회라고 볼 수 있다.

이 예루살렘 계통의 마지막 주자가 안디옥 교회였다. 그러나 안디옥에 세워진 교회는 예루살렘 계통의 교회이지만 독특했다. 유대인 교회로 시작되어 이방인 교회로 열매를 맺었기 때문이다.

그러므로 세 가지 계통의 교회들이 존재한다고 말할 수 있을 것이다.

I. 예루살렘
유대인들의 교회 | 단일 문화

II. 안디옥
이방인들의 교회 | 각 도시마다 문화적 다양성
전적으로 유기적인 관계

III. 에베소
바울이 훈련시켰던 형제들에 의해 세워진 교회들

신약성경을 원래 기록된 순서

신약성경을 원래 기록된 순서대로

처음 읽었던 날은

내 인생중의

최고의 날이었다.

당신에게도 그날이 당신 인생의 최고의 날이기를…

제1권

예루살렘 계통의 교회들
30–47년

예루살렘으로부터 흘러나온 교회들

사도행전 1:1–13:1

예루살렘 – 사도행전 1장–8장

예루살렘 교회들 – 사도행전 9장–13장 1절

30년

사도행전 1장과 2장

때는 1월이고 무대는 예루살렘이다. 서기 30년은 인류 역사상 가장 주목할 만한 해 중의 하나이다. 그리스도께서 십자가에 못 박히셨다. 그리고 교회가 탄생했다.

하지만 이 해는 62세의 황제 티베리우스가 그의 안락한 말년을 위해 로마에서 카프리섬으로 거처를 옮긴 해이기도 하다. 티베리우스에게 자신의 뒤를 이어 황제가 될 18살의 아들은 큰 근심덩어리였다.

당시 유대 지방의 총독은 본디오 빌라도였다.26-36 즉위한지 6년 만에 빌라도는 불명예스럽게 로마로 소환되었다. 세례요한이 그의 사역을 시작할 때도, 예수 그리스도께서 십자가에 못 박히시고 오순절 성령이 임할 때도 빌라도는 유대의 총독으로 있었다.

세례 요한의 사역 기간과 오순절, 그리고 바울의 회심 당시 이스라엘의 대 제사장은 가야바의 아들 요셉이었다.18-37

예루살렘

3월 30일에 예수께서는 예루살렘에 입성하셨다. 31일, 거대한 군중들은 종려가지를 흔들며 그를 환영하였다.눅 19:29-44

4월 1일과 2일, 예수께서는 성전에서 가르치셨다. 그리고 4월 3일, 유월절을 기념하신 후 겟세마네에 오르셨다.눅 22:39-46 4월 4일 이른 아침, 주님께선 재판을 받고 유죄를 선고받은 후 해질녘, 무덤에 묻히셨다.

4월 6일원문에는 '4월 7일'로 표기되어 있다-역주 주일, 예수 그리스도께서는 죽음에서 일어나셨다.

5월 29일 주일 아침 8시경, 120명의 제자들은 예루살렘에 모여 기도하고 있었다. 허공을 가르는듯한 강력한 바람처럼 성령이 임하셨다.행2:1-4

5월 30일 월요일, 명절을 지키기 위해 예루살렘을 방문했던 약 2천명, 혹은 그 이상의 사람들은 성령강림을 목격한 후 예루살렘에 남기로 결심했다. 교회가 탄생한 것이다. 교회, 즉 에클레시아에 대한 정의가 바로 그날 거기에서 생겨났다.

어떻게 이 "교회"라는 것이 생겨났을까? 알 수가 없다. 교회적인 삶은 사람 안에 내재된 하나님의 거룩한 본성의 자발적인 표현이었다. 사도들이 교회를 세운 것이 아니다. 그들 역시 그때 처음 교회가 무엇인지를 보고 발견했을 뿐이다.

그때 그리스도인이 된 유대인들 중 얼마는 그들이 원래 살던 로마제국 내의 다른 지방으로 돌아갔다. 그들이 돌아간 그 지방에 교회가 세워졌을 것이다.

그해, 유대인들에게 존경받던 학자 힐렐Hillel이 죽었다. 그리고 어릴 때부터 그의 발밑에서 가르침 받던 아들 가말리엘이 그의 자리를 대신했다.

드로아라는 도시의 실리시아길리기아-역주 지방에서 사울이라는 한 젊은 이가 가말리엘의 문하생으로 들어가게 될 날을 손꼽아 기다리고 있었다.

아직 최초의 기독교문서갈라디아서-역주가 작성되기까지는 20년 이상의 시간이 더 필요하다.

31년

사도행전 3장

로마와 제국 내의 정황

갈릴리에선 헤롯왕의 아들 안티파스Antipas가 총독으로 있었다. 죽음을 약 8년 앞둔 시점이었다.

로마는 티베리우스의 집정관 세자누스Sejanus에 의해 대리 통치되고 있었다. 전에는 티베리우스가 직접 다스렸지만 그가 아름다운 섬 카프리로 요양을 떠난 후 그의 집정관에 의해 통치되었다. 그런데 세자누스가 자신을 몰아내고 황제의 위를 넘본다는 소식을 티베리우스가 듣게 된다. 10월 31일, 결국 세자누스는 원로원에 의해 재판을 받고 처형되었다.

이 모든 사건들이 제국의 도시와 마을의 저자거리에서 회자되고 있었다.

이전에 아우구스투스 황제가 유대인들의 세금을 로마대신 예루살렘 성전에 바치도록 칙령을 내린 적이 있었다. 티베리우스가 이 칙령을 재인再認한 것도 이해였다.

교회

사도 요한과 베드로가 기도하러 성전에 오르던 해가 31년도였다. 거기에서 베드로는 한 절름발이 걸인을 고쳐주었다. 그 결과 수많은 사람들이 예수 그리스도를 믿게 되었고 교회로 들어왔다.

그 다음 6년 이상30-35 교회에 들어오는 신자의 수는 더욱 증가되었다.

한 무리의 군중이…그 다음엔 수많은 이들이…다음엔 더 많은 이들이… 다음엔 그보다 더 많은 무리가 예루살렘의 에클레시아에 들어왔다고 누가는 증언한다. 그 처음 6년 동안 약 7천명에서 2만 명의 신자들이 교회에 들어온 것으로 추정된다. 성장이 돌연히 멈췄던 37년까지, 신자들의 수는 계속 증가되었다.

32년

사도행전 4장

로마와 제국 내의 정황

32년까지도 오순절의 영광은 식을 줄을 몰랐다. 그러나 그 해, 본디오 빌라도26-36가 도시의 수로를 건설하기 위해 예루살렘 성전기금을 사용한 일로 유대인들은 크게 자극되었고 이에 반발하는 유대인들을 그는 폭력으로 진압했다.

이스라엘

정복자들의 군홧발 아래 살 수 밖에 없었지만 그럼에도 불구하고 이스라엘은 그럭저럭 로마제국과 공존하며 나름의 평화를 구가하고 있었다. 로마에 반란을 꾀하려는 움직임은 감지되지 않았다. 그러나 우리는 곧 그러한 기조가 바뀌는 것을 보게 될 것이다.

교회

베드로가 체포되어 공회 앞에 심문받았다. 그러나 성령 충만한 베드로는 유대 지도자들 앞에서 오히려 예수 그리스도를 증언하였다.

예수 그리스도를 증언하지 말라는 위협을 받은 후 베드로와 요한은 공회에서 풀려났다.

사도들은 핍박을 받더라도 계속 주님의 말씀을 전파할 용기를 달라고

기도했다.

베드로와 요한이 산헤드린공회에 체포된 것은 절름발이 걸인을 고쳐준 일 때문이었다. 결국 장로들과의 격렬한 논쟁 후에 두 사람은 풀려났고 예루살렘 시민들은 기적과 표적을 보며 하나님을 찬양했다.^{행4장}

33년

사도행전 4장

로마와 제국 내의 정황

티베리우스의 뒤를 이을 두 명의 젊은이가 물망에 오르고 있었다. 그들 중 하나는 가이사 아구스도Augustus Caesar의 증손자였다. 그의 이름은 가이우스 칼리굴라이다. 33년, 제국의 모든 저자거리는 칼리굴라와 역시 황실가의 딸인 글라우디아라는 어린 소녀의 결혼이야기로 시끄러웠다. 칼리굴라는 21살이었다. 그가 가장 좋아하는 스포츠는 동물들을 괴롭히는 것이었다. 칼리굴라에겐 아그리피나Agrippina라는 19살의 누이동생이 있었다. 훗날, 그의 아들을 통해 그야말로 아주 잠깐 로마를 다스리게 될 바로 그 여인이었다.네로 황제의 어머니-역주

이 해에 로마는 이스라엘에 속해있던 유대영토 한 지역을 빼앗았다. 이 사건은 히브리인들에게 유대인에 대한 로마의 경시輕視를 보여주는 그 이상의 의미로 다가왔다.

교회

예루살렘 교회는 기하급수적으로 성장하고 있었다. 사실상 너무 많은 이들이 몰려들어 기거할 집과 식량문제가 위기로 다가왔다. 신자들은 모든 것들을 함께 공유할 수밖에 없었다. 바나바는 집을 팔아 그 돈을 사도들 앞에 내놓았다.

34년

사도행전 4–5장

로마와 제국 내의 정황

갈릴리의 총독 헤롯 안티파스와 그의 아내가 이혼한 것이 대략 29년도였다. 그의 아내는 시리아의 한 영역을 다스리던 왕자, 아레타Aretas의 딸이었다. 아레타는 격분하였다. 갈릴리의 안티파스에 대한 그의 증오는 상상을 뛰어넘었다. 34년, 아레타는 복수를 감행했다. 그의 군대가 안티파스가 다스리는 지역으로 진입하여 그 땅 일부를 정복하고 지배했다.안티파스의 두 번째 부인은 바로 세례 요한의 목을 자르도록 사주했던 여자이다

이스라엘

바울이 고향 다소를 떠나 예루살렘에 올라간 것이 34년경이었다. 예루살렘에 머물면서 바울이 그의 친척 안드로니고, 유니아와 함께 살았다는 것은 거의 확실하다.로마서 16장을 보라 바울이 그리스도인들에게 격분했던 것은 이 두 사람의 회심도 어느 정도 작용했을 것이다.

바울이 가말리엘의 문하생이 되어 모세의 신성한 율법을 배웠던 곳은, 성전 건물인 동시에 그 자체로 성벽이 되는 성전 안쪽의 한 장소에서였다.

34년에 시리아와 갈릴리에서 발생한 사건이 이후 37년, 자신의 생명을 위협할 지도 모른다는 사실을 바울은 상상도 못했을 것이다. 그것은 아레타 4세와 헤롯 안티파스와 관련된 일이었다.바울이 다메섹 도상에서 회심한 후

곧 바로 복음을 증거 하던 중 다메섹 관리들과 유대인들에게 쫓기게 된 사건-역주

교회

구원을 경험한 후 고향으로 돌아가기를 포기하고 예루살렘에 머물기로 작정한 어마어마한 사람들로 인해 교회는 큰 어려움에 봉착했다. 위기를 극복하고자 신자들은 그들의 돈을 사도들 앞에 가져왔다.

아나니아와 삽비라는 그들의 재산 일부를 숨겼고, 얼마 후 두 사람은 베드로의 면전에서 갑작스런 죽음을 맞이하게 된다. 이 사건은 도시 전체를 크게 놀라게 했지만 오히려 믿는 이들의 수가 더 많아지는 결과를 가져왔다.

우리는 이제 35년으로 접어들고 있다.

35년

사도행전 5장

로마와 제국 내의 정황

티베리우스는 이제 죽음을 2년 남겨두고 있었다. 본디오 빌라도가 유다를 통치할 시간은 1년 남짓 남았다. 안티파스는 아레타에게 빼앗긴 갈릴리의 그 조그만 영토를 다시 찾으려 안달하고 있었다.

황제는 비텔리우스클라우디스 황제의 동료인 루키우스 비텔리우스의 아들로 네로가 죽은 뒤 잠시 황제의 자리에 오르기도 했던 인물-역주를 특사로 임명하여 시리아에 보냈다. 비텔리우스에겐 전쟁에 돌입하기 일보 직전인 안티파스와 아레타를 다독이는 한편, 유다와 예루살렘을 잘 감시하라는 임무도 주어졌다. 만약 중대한 사건이 발발하면 그는 즉시 유대로 진입할 참이었다. 이 사실을 유대인들은 잘 알고 있었다. 누군가에 의해, 또 무엇인가에 의해 예루살렘이 감시받는다는 것은 그들에게 모욕적인 일로 다가왔다.

이스라엘

열 두 사도들에게 많은 기사와 표적이 따르자 결국 모두 체포되기에 이른다. 행5:17-42

가야바의 아들 대제사장 요셉예수 그리스도께서 십자가 수난을 받으실 때 직무를 맡았고 베드로와 요한을 체포하기도 했던 인물이 그들의 체포를 주도했다. 열 두 사도는 예수께서 심문 당하셨던 동일한 장소로 끌려가 사두개인들 앞에 섰다. 산헤드린 공회는 이들을 처형하려 했지만, 가말리엘이 드다Theudas의 예를 들어 그들의 모사를 단념시켰다. 드다는 몇 년 전, 하나님께서 요단강 물을 갈라 자신과 자신을 따르는 유대인 무리들을 그 강 가운데 마른 길로 인도하실 거라고 선포하며 4백 명에 가까운 군중들을 요단강가로 이끌던 인물이었다. 이 사건은 유다라 불리는 지도자를 따르던 더 큰 집단에서 분파로 나온 이들에 의해 발생된 사건이었다 그러나 요단강은 갈라지지 않았고 드다를 따르던 무리들은 뿔뿔이 흩어졌다. 가말리엘은 열 두 제자들에게도 이와 같은 결말이 주어질 것이라고 충고했던 것이다.

교회

열 두 제자들은 채찍질당하고 위협을 받은 후에 풀려났다. 그들이 풀려나자 교회는 기쁨으로 넘쳤다.

이제 우리는 다사다난한 36-37년에 들어서고 있다.

36년

사도행전 6장

우리는 이 해를 이스라엘과 로마의 "평화로운 공존"이 흔들리는 첫 징조가 나타난 해로 꼽을 수 있다.

로마와 제국 내의 정황

시리아의 칙사 비텔리우스는 열 두 사도가 채찍에 맞은 사건을 로마에 보고하였다. 수년 동안26-36 유대를 통치했던 본디오 빌라도는 지나친 강압정치를 해온 탓에 로마로 소환되었다.

티베리우스에 의해 마르켈루스가 유대의 총독36-37으로 임명되었다.

이스라엘

기독교 역사가 유세비우스Josephus는 이 당시, 로마에 대한 간헐적이고 지엽적이며 단발적인 이스라엘의 저항이 시작되었다고 전한다. 36년에 사마리아에서 일어난 봉기는 그러한 저항들 중의 하나였다. 한 무리의 사마리아인들이 명백히 군사적인 의도를 갖고 그리심산으로 모여들었다. 그리고 본디오 빌라도는 이 사람들을 무력으로 진압했다.

교회

이 당시 교회는 첫 내분을 겪고 있었다. 교회 안에는 두 부류의 유대인들이 있었다. 하나는 원래 이스라엘 내에 살며 히브리어를 쓰던 유대인들이고 다른 한 부류는 제국 내의 여러 지역에 흩어져 살면서 헬라어를 사용하던 유대인들이었다. 이스라엘 밖에서 온 유대인들을 헬라파 유대인이라 불렀다. 이들 안에 뭔가 웅성거림이 있었다. 히브리파 과부들에게 더 호의적인 급식이 이뤄지고 있다는 불만이었다. 열 두 사도는 솔로몬 행각에서 주님의 말씀을 가르치는 그들의 사역이 이런 일로 분산되는 것을 원치 않았다. 그들은 음식을 분배하는 일을 위해 일곱 집사를 뽑도록 교회에 요청했다. 그렇게 해서 선출된 일곱 집사 중 특히 존경받던 스데반이 있었다.

스데반에 의해 기적이 일어나던 시점이 이 무렵이었다. 이것은 전례 없는 일이었다! 그는 열 두 사도 중의 하나가 아니었다. 스데반은 '자유인의 회당'시리아 전쟁당시 로마에 노예로 팔려갔다가 후에 해방되어 예루살렘에 돌아온 이들이 세운 회당-역주에서 믿지 않는 유대인들과 논쟁을 시작했다. 이 회당은 타지에 살던 유대인들의 헌금으로 지어졌기 때문에 그리스어 사용과 자유로운 만남이 가능하던 장소였다.

스데반과 바울이 이 헬라인들의 회당에서 조우했을 것이다. 스데반을 잡으려는 은밀한 음모, 심문, 그리고 그의 죽음을 위한 무대가 예루살렘에 준비되었다.

이제 우리는 1세기 기독교 역사 중 가장 파란만장했던 한 해! 기독교, 로마, 그리고 믿지 않는 사람들에게도 가장 다사다난했던 해로 기억될 그 시간으로 진입할 것이다. 모든 일들은 37년 봄에 시작되었다.

37년

사도행전 6, 7, 8, 9장

로마와 제국 내의 정황

기원후 37년은 교회역사에서 가장 다사다난 했던 세 해30년, 37년, 47년중 한 해이다. 로마 황제의 죽음으로 37년은 시작된다.

티베리우스 황제는 37년 3월 16일에 죽었다. 그가 죽는데 너무 오래 시간을 끌어 가이우스 칼리굴라가 그의 숨을 막아 죽는 걸 도왔다는 말이 저잣거리에서 돌아다녔다. 그리고 3월 16일, 황제의 왕관은 가이우스 칼리굴라의 머리 위에 씌워졌다. 칼리굴라는 25살이었고 심각한 정신병자였다. 더구나 그의 곁에는 그와는 다른 마음을 품고 있는 19살의 여동생 아그리피나Agrippina가 버티고 있었다.

그해 10월 칼리굴라는 심한 열병에 걸렸다. 그리고 12월, 열병은 가라앉았지만, 그는 완전히 미쳐 날뛰는 광인이 되었다. 티베리우스가 죽기 전에 "나는 로마를 위해 독사 한 마리를 키우고 있다."고 했던 말은 거짓이 아니었다.

티베리우스는 칼리굴라의 삼촌이었지만 정작 칼리굴라가 황제의 자리를 요구했던 근거는 티베리우스의 조카로서가 아닌 가이사 아구스도Augustus Caesar와 안토니우스Mark Anthony가 그의 증조부라는 주장이었다. 사람들은 가이사 아구스도의 자손이 황제가 되는 것에 많은 기대를 품고 있었다. 칼리굴라가 또 다른 가이사가 되어 줄 것을 모든 이들이 소망했던 것이다.

그러나 황제에 오른 뒤 칼리굴라는 그의 두 조상에 먹칠하는 것으로 그의 통치를 시작했다.

칼리굴라의 누이, 아그리피나는 37년 12월 15일에 아들을 낳았다. 그의 이름은 게르마니쿠스Germanicus였지만, 네로라는 이름으로 더 잘 알려졌다. 이후 비틀린 인격과 광기라는 면에서 네로는 칼리굴라에 견줄만한 인물임이 드러난다. 과연 그 삼촌에 그 조카였다.

광인이 된 후 칼리굴라는 자신의 후계자가 되려 한다고 의심되는 모든 이들을 죽였다.

그 후 5년 동안 로마 제국에서 들려오는 거의 모든 소식들은 온통 칼리굴라에 관한 것뿐이었다. 그에 대한 충격적이고 믿을 수 없는 소식이 들려오지 않는 달은 단 한 달도 없을 지경이었다. 인류사에서 그보다 더 기발한 비행, 엄청난 낭비, 주변 사람에 대한 학대, 자기 자신에 대한 과대망상을 가진 사람은 발견하기 어려울 것이다. 우리는 사람들이 이 광인에 대해 들었던 것들 중 몇 가지를 적어볼 것이다. 이후 5년 동안 지속적으로 이 광인에 대한 이야기는 이스라엘, 바벨론, 독일변방에서 회자된다. 이 사람은 충격에 빠진 제국에 어둔 그림자를 드리웠다.

교회

스데반이 체포되어 돌에 맞은 것도 바로 이 해였다. 이는 사도행전 6장과 7장에 생생하게 증언된다. 스데반의 죽음 후에 바울은, 온 이스라엘에 퍼진 그리스도인들을 없앨 책임자로 지명되었다.행8:1-3; 9:1, 2

빌립이 사마리아에 내려가 복음을 전하고 에디오피아 내시에게 세례를 베푼 일도 이 해에 일어났고 요한과 베드로가 복음을 증거하며 사마리아 전역을 여행한 것도 마찬가지로 이 해였다.

예루살렘에서는 바울이 이스라엘 내의 그리스도인들을 무자비하게 탄압할 권한을 얻었다. 그는 그 권한을 가지고 시리아까지 추적해 다메섹의 신자들을 체포하여 재판에 회부할 계획이었다. 예루살렘에서 다메섹까지는 269km이다.

그러나 37년, 바울은 다메섹 도상에서 쓰러져 아나니아라는 형제의 안수를 받게 된다. 그렇게 바울은 아레타왕이 다스리는 소왕국, 다메섹으로 들어갔다. 바울이 처음으로 39대의 채찍을 맞은 곳도 거기 다메섹이었을 것이다. 믿지 않는 유대인 지도자들은 바울을 죽일 음모를 꾀하기 시작했다.

다메섹은 아레타 왕이 임명한 시장mayor이 통치 관리하고 있었다. 다메섹 시장은 바울을 잡아 죽이기 위해 그곳의 회당 지도자들과 긴밀히 협조하여 성문을 닫아버렸다. 다메섹 교회의 형제자매들은 바울이 체포되는걸 보고 있지 않았다. 그들은 도시 성벽에 연이어 건축된 어떤 집의 창문을 통해 바울을 바구니에 달아 내렸다.

다메섹에서 탈출한 바울이 예루살렘으로 가서 15일 동안 베드로와 야고보를 만난 것이 바로 이 해였다. 바울은 '자유인의 회당'으로 돌아갔다. 그곳은 예전에 그가 스데반과 논쟁을 벌인 장소였다. 그리고 스데반이 회당 밖으로 끌려나와 돌에 맞아 죽는 장면을 목격했던 곳이었다. 바울이 두 번째로 39대의 채찍을 맞은 곳이 아마 거기 자유인의 회당이었을 것이다 바로 이곳에서 한 번 더 음모가 꾸며지는데 이번엔 스데반이 아닌 바울을 없애려는 음모였다.

예루살렘의 형제들은 바울을 가이사랴의 항구로 피신시켰다. 예루살렘에서 가이사랴 해변까지는 125km이다.

바울은 거기서 북쪽으로 항해하여 다소에 있는 그의 집으로 돌아갔다. 가이사랴에서 길리기아 다소까지는 690km이다. 배들은 해안선을 따라 항해하기 때문에 육지로 여행하든 바다로 여행하든 그 거리는 크게 다르지 않다고 봐도 된다. 그리고 그로부터 43년까지, 약 7년 동안 바울에 대한 말은 성경에 언급되지 않는다.

피에 물든 37년도가 그렇게 끝이 났다.

38년

사도행전 8–9장

로마와 제국 내의 정황

칼리굴라는 38년에 롤리아Lollia라는 새 아내를 얻었다.그의 두 번째 아내 그가 1.5km 남짓 되는 조그만 호수위에 두 척의 거대한 함선을 지으라고 지시를 내린 것이 이 해였다. 이 두 사치스러운 배는 너무 호화롭게 지어져서 그 자체만으로 제국을 파산시킬만했다. 그런 다음 5월 24일, 칼리굴라는 그의 황제자리에 적수가 될 만한 최 측근 두 사람을 없애버렸다. 그리고 또 다른 몇 사람은 추방시켜 버렸다.

그가 순금으로 자신의 동상을 만들어 세운 것도 이 무렵이었다. 동상을 만들어놓은 후 칼리굴라는 매일 매일 자신이 그날 입었던 것과 정확히 똑같은 옷을 그의 동상 위에도 입혔다. 언젠가부터 그는 자신이 제우스의 아들이 아닐까 생각하기 시작했다. 이는 머지않아 실제로 자신은 제우스의 아들이었다고, 그러니 자신은 곧 신이라는 과대망상으로 발전할 터였다.

알렉산드리아에선 반 유대인 폭동이 일어났다.

이후 알렉산드리아인이 유대인들에 대한 자신들의 혐오를 적극 분출하고 실제 유대인 전체를 없애려 나선 것은 65년의 일이었다.

이스라엘

이스라엘에선 가야바의 아들 요셉이 18년부터 37년까지 대제사장으로 있었다. 예수 그리스도의 죽음을 주관했고 열 두 사도를 채찍질했던 이 사람은 마침내 38년에 아나누스의 아들 데오빌라로 교체되었다.38-41

교회

이제 예루살렘에서 교회는 사라져 버렸다. 사도들은 몸을 숨겼다. 그러나 예루살렘 교회가 사라진 대신 유대와 사마리아, 그리고 갈릴리 여러 곳에 갑작스럽게 교회가 일어나기 시작했다. 사도들은 새로 생겨난 교회들을 돌보기 위해 종횡무진 했다.

베드로는 욥바Joppa를 여행하며 복음을 증거 하였다. 예루살렘에서 욥바까지는 61km이다. 한 사람이 하루에 도보로 여행할 수 있는 평균거리는 16km, 적게는 8km, 많게는 32km이다. 한 곳에서 다른 곳으로 옮기는데 필요한 시간을 감안할 때, 하루 여정을 16km 정도로 잡으면 타당할 것이다. 베드로가 다비다라는 여인을 죽음에서 일으켜 세운 것도 거기 욥바에서였다. 그 사건으로 많은 이들이 믿음을 갖게 되었다. 그는 짐승의 가죽을 다루는 무두장이 시몬의 집에서 기거했다.행9:36-43

스데반이 죽던 날, 바울이 그 현장에 있었다. 당시 바울은 신자가 아니었다. 그러나 신자도 아닌 그를 통해 백여 개 이상의 교회가 새로 세워졌다. 예루살렘에서 행해진 바울의 핍박을 피해 달아난 제자들과 사도들에 의해 "유대, 사마리아, 갈릴리"지역에 교회가 세워졌던 것이다.

우리는 이제 39년도로 진입하고 있다.

39년

사도행전 10장

로마와 제국 내의 정황

제국의 저자거리는 새로 등극한 황제의 기행에 대하여 듣게 되는 최초의 장소였다. 이제 황제 자리에 막 오른 그의 행실은 이후 5년 동안 로마의 모든 저자거리를 떠들썩하게 만들 것이다.

칼리굴라는 27살에 그의 네 번째 부인인 밀로니아Milonia를 얻었다. 이때쯤 제국의 재정은 거의 바닥 난 상태였다. 곳간이 텅 빈 로마를 재정적으로 지탱해나가는 그의 방법은 아주 야만적이고도 기발하였다. 먼저 황실의 한 부분을 매춘 굴로 운영하였다. 그 다음, 적잖은 제국 내의 부자들이 죽을 때 그들의 전 재산을 황제 자신에게 넘기도록 종용하고 거기에 서명한 사람들 중 몇몇을 요절시킴으로써 그들의 재산이 좀 더 일찍 자신에게 돌아오게끔 만들었다. 금이 발견되는 곳이면 어디든 그 금을 압수하였고 세금을 더 걷기 위해 새로운 항목을 만들어냈다.

궁전에서 제우스 신전까지 방해받지 않고 어슬렁거리며 자신의 아버지라고 생각하는 제우스신과 대화하기 위해 칼리굴라는 양 건물 사이에 통로를 개설하게 만들었다. 때때로 돌 조각상들과 문제를 상의하느라 그는 여러 시간을 그 앞에 머물기도 했다. 분열된 자아 속에서 칼리굴라는 제우스가 자신을 마음에 들어 하지 않을 때 외치는 울부짖음조차 듣고 있었다.

아마도 칼리굴라가 보였던 최고의 기행 중 하나는 나폴리에서 카프리까지 주교배를 계속 연결해놓고 그 위에 널판을 깔아 놓은 다리-역주를 놓으라고 했던 명령일 것이다. 그 다음 그는 주교를 포장하여 도로가 되게 한 다음 3백년이나 된 알렉산더 대왕의 갑옷을 입고 말에 올라 카프리 쪽으로 건너가 지하세계의 신넵튠, Neptune을 물리쳤다고 선포하는 정신착란을 보였다.

온 제국이 그의 광기를 입담의 재료로 삼고 있었다.

그 해에 칼리굴라는 로마의 원로원과 다투게 되었다. 그러자 그는 자신의 말馬을 원로원 의원으로 임명하겠다고 선언했다. 그리고 칼리굴라 자신에 대한 어떤 농담이나 조소도 반역죄로 다스리겠다고 선포했다. 그의 조카가 그와 비슷한 가운을 입은 것을 이유로 조카를 처형해 버린 것도 이 무렵이었다.

칼리굴라가 예루살렘 성전의 지성소라 불리는 신비로운 처소에 대해 듣고 이에 푹 빠지게 된 것 역시 이 때였다.

이스라엘 안에서는, 안티파스가 칼리굴라 황제에게 왕의 칭호를 달라고 요청한 일을 두고 사람들이 그의 뻔뻔함을 성토하고 있었다.

단 1년 만에 헤롯대왕의 후손인 아그립바는, 헤롯대왕이 죽은 이후 그 누구도 할 수 없었던 일을 해냈다.성경에 나오는 아그립바는 헤롯 대왕의 손자인 헤롯 아그립바 1세⟨37-44⟩와 그의 아들인 헤롯 아그립바 2세⟨50-93⟩이다. 헤롯 아그립바 1세는 헤롯이라고만 나오는데 야고보를 죽이고 베드로를 투옥했던 인물이다. 아그립바 2세는 아그립바로 성경에 등장하고 가이사랴의 베스도를 방문했다가 바울을 심문⟨행25:13⟩했던 인물이다-역주 아그립바는 갈릴리의 총독 안티파스가 해임되고 유배되도록 황제 칼리굴라에게 영향을 미쳤다. 안티파스의 조카인 동시에 매부지간인 아그립바는 칼리굴라의 친구였다.

칼리굴라가 그의 로마통치기간 중 제정신으로 했던 한 가지 일은 라인강에서 겨울을 보내기 위해 잠시 로마를 떠나, 그의 공포정치로부터 로마가 숨 돌릴 틈을 준 것이었다.

그가 자리를 비운 사이, 그를 암살하려는 음모가 모의되었다. 음모를 꾸민 사람들 중에는 그의 누이 아그리피나도 끼어 있었다. 그녀가 자신을 살해할 계획을 주도했던 공모자 중 하나임이 드러나자 칼리굴라는 아이를 가지고 있었음에도 불구하고 아그리피나에게 사형을 내려버렸다. 그러나 얼마 후 생각을 바꿔, 칼리굴라는 그 정신에도 돈 벌 궁리를 해냈다. 자신의 누이에게 한주동안 고가의 성 매매를 강제했던 것이다. 한 주가 끝나갈 무렵 칼리굴라는 그녀를 추방하는 쪽으로 마음을 돌렸다.

그 해 39년, 남은 대부분의 시간을 칼리굴라는 음모자들을 처형하는데 보냈다.

이 해에 우리가 주목할 또 하나의 사건이 있다. 황실가의 한 사람이 결혼식을 올렸는데 그의 이름은 클라우디우스Claudius였다. 41살의 클라우디우스는 그의 세 번째 부인이 될 메살리나Messalina와 결혼하는데 그녀는 자그마치 가이사 아구스도의 증손녀였다. 클라우디우스는 이미 그의 둘째 조카와 결혼한 이력이 있었지만 그는 근친상간에 대한 부끄러움을 이미 잊고 있었다. 어느 누구도 알지 못했지만, 이 결혼은 클라우디우스가 황제의 자리를 요구하는 가장 큰 근거로 작용할 터였다.

그 해 제국의 저잣거리는 그야말로 이야깃거리로 넘쳐났다.

이스라엘

39년에 유대지방의 총독은 마룰루스Marullus였다. 그리고 안티파스는 갈릴리의 총독으로 있었다.

교회

이제 예루살렘에는 교회가 존재하지 않았다. 그러나 유대와 갈릴리, 그리고 사마리아의 마을과 도시마다 새로운 교회들이 존재하고 있었다. 이모든 교회들은 모교회인 예루살렘 교회의 축소판이었다. 예루살렘에 존재하는 교회들이 문을 닫았던 것은 모두 세 차례인데, 이번이 그 첫 번째였다. 앞으로 예루살렘 교회는 두 번 더 살아날 것이다. 그리고 세 번째, 예루살렘 교회는 영원히 파괴될 것이다.

핍박을 피해 예루살렘에서 달아난 몇몇 유대인들이 안디옥까지 갔고, 그들에 의해 그곳에 유대인의 교회가 세워졌다. 그런데 이 열정 넘치는 유대인들은 안디옥의 이방인들에게까지 그리스도를 증언했다. 이 단순한 사건이 역사를 바꾸어 놓았다.

이 놀라운 일은, 열 두 사도가 유대와 사마리아, 그리고 갈릴리에 복음을 전하고 교회를 일으키느라 분주하던 중에 발생했다. 전에, 베드로가 고넬료라는 가이사랴의 로마 백부장을 개종시키고 그의 가정에 세례를 주었던 경험은 있었지만, 그러나 당시 어느 누구도 안디옥의 제자들이 세례조차 받지 않은 이방인들에게 복음을 전하기 시작했다는 사실에 관심을 기울이지 못했다! 이방인들은 기쁘게 복음을 받아들이고 있었다.

그 무렵, 근 백 년 동안 이스라엘이 맞았던 일 중 가장 치욕스럽게 여길만한 소식이 들려왔다. 때는 40년으로 접어들고 있었다.

40년

로마와 제국 내의 정황

아그립바가 공식적으로 갈릴리의 분봉 왕로마 제국이 부여한 영토의 4분의 1을 다스리는 영주-역주이 되었다. 그의 권한은 제한되었다. 명목상의 총독일 뿐 실제로 아그립바와 이스라엘의 관리자는 시리아의 총독황제의 직사이었다.

아그립바는 갑자기 그의 정치인생 최대의 도전에 직면하였다. 그것은 이스라엘을 겨눈 도전이기도 했다. 칼리굴라가 그의 동상을 만들어 예루살렘 성전의 지성소 안에 세울 것이라고 선언했기 때문이었다. 이 소식이 유대에 닿았을 때, 이스라엘 전체는 경악했다. 이미 신성모독Abomination of Desolation이 가해진 터였다.이방인이 그들의 지성소를 침입했다 이스라엘 사람들은 즉각 반응했다. 1만 명의 유대인들이 그들의 목을 걸고 예루살렘 성문에 무릎을 꿇었다. 그들은 칼리굴라의 동상이 예루살렘에 들어오기 전에 칼로 자결할 것을 맹세하였다.

이때 칼리굴라에게 이것을 재고하라고 설득한 것이 바로 아그립바였다.

이 무렵 칼리굴라는 원로원의 모든 부인들에게 그의 매춘굴에 참여하라고 강요했다.

칼리굴라는 이때쯤 거의 정신분열 상태였다. 그에겐 그가 저지르고 있는 모든 일들이 당연했다. 수천 명의 저명한 로마 시민들이 그가 죽기만을 고대했다.

고삐 풀린 황제, 절제력을 상실하고, 무분별한 황제, 이 방탕한 권력에 대한 논의가 시작될 터였다. 황제 자리가 어떻게 될지 지켜보자.

죄인 그리고 무법자

당시 로마제국에 살았던 이들의 마음속엔 황제의 자리가 상속되는 것에 대해 특별한 개념이 없었다. 다시 말하면 그들에겐 늘 동일한 한 사람의 황제가 있을 뿐이었다. 황제의 자리는 그저 변함없는 하나의 인격이었다. 누가 황제가 되던 그들에겐 언제나 똑 같은 한 사람, 해가 바뀌어도 끝없이 계속되는, 전형화 된, 늘 그 자리에 앉아있는 한 인격이었을 뿐이다. 율리우스 카이사르Julius Caesar가 암살되고 아구스도 가이사아우구스투스 카이사르, Augustus Caesar가 황제로 등극한지 벌써 백년이 흘렀다. 그로부터 칼리굴라 때까지 제국 내 백성들이 생각하는 로마 황제란 언제나 동일한 한 사람, 그 황제일 뿐이었다.

좀 다른 얘기지만, 이와 유사하게, 우리에게도 언제나 한 교황이 존재한다. 우리는 새로운 교황이 그 자리에 오르기도 하고 물러나는 것도 보지만 늘 동일한 한 교황이 그 자리에 있을 뿐이다. 로마에서 황제직의 승계가 일어나고 있었지만 누가 그 자리에 오르던 황제는 늘 같은 자리에 존재하는 신과 같은 존재였다.

더욱이 황제의 권력을 제한하는 법이 통과된 적도 없었다. "황제가 할 수 없는 일"이란 존재하지 않았다. 제국 내에 수많은 법들이 존재했지만 그것들 중 어느 하나도 황제와 연관 짓거나 황제에게 적용 가능한 조항은 없었다. 한 가지 불문율이 존재하긴 존재했다. 황제에게 있어 실제 불법적인 행동이란 살인 같은 범죄가 아니었다. 황제와 관련된 단 하나의 불문율은 근친상간을 저지르지 않는 것뿐이었다.

그래서 여기 아무런 양심의 가책조차 없이 살인을 저지르고 재산을 강탈하고 사람들을 추방하고 악행을 저지르는 칼리굴라가 존재하는 것이다. 그는 완전히 미친 사람이었다. 그럼에도 그는 법의 적용을 받지 않았다. 법의 테두리밖에 존재했던 것이다. 이 사람 안에 죄책감이란 없었다. 그는 황제였던 것이다. 다른 말로 하면 황제란 법 테두리 바깥에 존재하는 사람, 즉 법 없이 사는 사람이었던 것이다.

시간이 흐르면서 이 "무법자"란 개념은 황제를 보는 일반 사람들의 관점이 되어버렸다. 이것은 그리스도인들이 법 위에 군림하는 황제를 언급할 때 사용하는 표현이기도 했다. 다시 말해서 무법자란, 사람들 마음속에 인격화되어 있는 황제 자리 바로 그것이었다. 이후 기독교 공동체에선 이 무법자란 표현이 "죄인"을 언급하는 용어로 변했다. 무법자, 즉 죄인이란 그리스도인들이 황제 직 자체나 황제가 저지르는 비행을 언급할 때 사용하는 일종의 암호였던 셈이다. 티베리우스는 이 죄를 카프리 섬에서 은밀히 저질렀지만 칼리굴라는 백주대낮에 거리에서 저질렀다. 이후 다음 황제가 될 클라우디우스 역시 이들과 다르지 않을 것이다. 그러니 누가 그 자리에 앉게 되던 사람들의 마음속에 각인된 황제란 비행을 저지르는 바로 그 사람, 즉 동일한 한 명의 황제일 뿐이었다.

이후 클라우디우스가 로마를 통치하게 될 때쯤, 그에겐 하나의 딱지가 더 붙게 될 것이다. 그것은 유대인들에 의해 붙여진 … 적그리스도란 딱지였다. 그는 그런 딱지가 붙을만한 짓을 했다.

이렇게 생겨난 표현과 용어들이 오늘날 기독교 공동체 안에서 사용된다는 것이 과연 가능한 일일까? 어떤 사람이 주님을 거부한다고 해서, 그리고 그가 주님을 반대한다고 해서 그 사람에게 갖다 붙일 수 있는 표현일까?

이런 용어들이 처음에 어떻게 생겨났고 어떻게 사용되었는지를 명심하자. 이런 표현과 용어들은 유대인들이, 그리고 그리스도인들이, 어둠의 지배를 받아 정신분열적 비행을 일삼는 황제를 언급할 때 사용했던 말들이었다.

이스라엘

안티파스가 추방되었다. 헤롯대왕의 손자 아그립바 1세가 갈릴리의 통치자가 되었다. 이제 일 년 후, 아그립바는 한 때 헤롯대왕이 다스렸던 모든 영토를 통치하게 될 것이다.

40년은 그렇게 흘러갔다.

최초의 기독교문서가 기록되기 전까지는 아직 10년이 더 남았다.

41년

사도행전 11장

로마와 제국 내의 정황

헤롯 안티파스는 여전히 유배 상태에 있었다. 칼리굴라는 이제 노골적인 암살대상에 올라 있었다. 41년 1월 22일, 잦은 유람 생활 중 극장으로 돌아가던 길에 칼리굴라는 자신의 호위대에 의해 암살되었다. 그로부터 몇 주 후인 그 해 2월 12일에 클라우디우스가 49살의 나이로 황제 자리에 올랐다.41-54 그의 온전한 이름은 게르마니쿠스 티베리우스 클라우디우스 카이사르 브리타니쿠스–Germanicus Tiberius Claudius Caesar Britannicus–였다. 브리타니쿠스라는 이름은 43년까지는 없던 이름인데 이후 추가되었다.

메살리나가 그의 아내였다. 그녀는 그로부터 7년을 더 살다 죽는다. 클라우디우스는 브리타니쿠스라는 한 아들을 후계자로 두었는데 이후 황위에 오르지는 못한다.

클라우디우스가 그의 조카딸이며 칼리굴라의 여동생인 아그리피나를 유배지에서 데려온 것도 그해 41년이었다.

이스라엘

이 해, 클라우디우스는 유대와 사마리아, 이투리아Iturea, 갈릴리, 그 밖에 이스라엘에 속한 모든 영토를 아그립바가 다스리도록 하고 그가 왕이란 호칭을 사용하도록 허락했다.

교회

베드로가 이방인들도 구원에 이르고 있다는 사실을 예루살렘에서 보고한다. 행11:1

안디옥 교회도 탄생11:19한다.

지구상에 교회가 태어난 지 이제 10년이 지나고 있다는 사실을 기억하라. 당시 교회는 단 한 장의 신약성경도 가지고 있지 않았다. 다시 말하면, 당시 교회엔 성경이 없었다!!

42년

사도행전 11장

로마와 제국 내의 정황

메살리나는 과거 어떤 여인보다 더 많이 궁정의 음모에 연루되었다는 사실이 드러나 황후의 자리에 오래 앉아있지 못했다.

아그립바가 황제의 눈 밖에 났다는 사실을 스스로 알아차린 것도 바로 이 해였다. 황제에게 상의도 없이 아그립바는 예루살렘 주변의 성벽을 재건, 확장할 계획을 세웠다. 이스라엘 북쪽, 시리아 정부가 이런 아그립바의 조치들을 예의 주시하고 있었다.

교회

이제 로마는 새 황제를 맞이하며 모든 이들이 한숨을 돌리고 있었다. 열두 사도는 이스라엘 구석구석에 복음을 전하고 있었다. 안디옥 교회에 특별한 문제가 있다는 말이 예루살렘에 닿은 것이 이 해였다. 안디옥 교회가 안고 있는 문제는 그들의 신앙이 구약성경에 위배되는 것인지, 적어도 모세의 율법에 어긋나는 것은 아닌지와 관련된 것이었다. 안디옥 교회의 형제자매들로서는 자신들이 무슨 심각한 오류를 범하고 있는 건지, 아니면 칭찬받을 만한 믿음을 가지고 있는 건지 알고 싶은 것이 당연했다. 이방인 고넬료 가정이 회심했다는 말은 그들도 들은 적이 있었다. 하지만 할례는 어쩔 것인가? 교회에 속한 헬라인 신자들은 할례를 받지 않은 상태였다. 그

리고 그 보다 더 중요한 것은 교회가 유대인 교회가 아닌 이방인 교회로 존
재해도 괜찮은 것인가? 이방인들이 속해있던 다섯 개의 교회가 있었다. 그
교회들을 정말로 교회로 볼 수 있는가? 안디옥 교회는 이 질문에 답해줄 한
사람의 사도를 안디옥 교회로 보내줄 것을 예루살렘에 요청했다.

사도들은 이들의 요청에 화답했다. 그러나 사도들이 내린 결정은 결과적
으로 실수였다. 그리고 그 실수는 우리 같은 이방인들로서는 영원히 감사
해야 할 실수였다.

> 열두 사도 중에 한 사람이 안디옥을 방문한 것이 아니었다. 만약
> 이방인들에 대한 하나님의 뜻을 잘 모르는 사도가 안디옥을 방문
> 했다면 안디옥 교회의 질서 없는 모임을 보고-그들의 눈에 보기
> 에- 예루살렘에 올라가 부정적인 보고를 했을 것이다. 그 결과 이
> 방인 교회는 교회로서 인정을 받지 못했을 것이고 복음이 전 세계
> 로 퍼져나가는데 치명적인 갈등을 초래했을 것이다-역주

사도들은 자신들이 직접 안디옥을 방문하기엔 너무 바쁘다고 결론짓고
대신 한 사람의 장막장이tentmaker를 뽑아 안디옥으로 보냈다. 그가 바로 바
나바였다.

열 두 사도는 상황을 완전히 오판하고 있었다. 이때가 42년도였다. 이
들 중 한 사도가 안디옥에 내려가 직접 상황을 목격한 것은 50년에 이르러
서였다. 안디옥교회는 거의 이방인 교회가 되어가고 있었고 다른 어떤 교
회들과도 다른 모습을 갖추고 있었다. 42년에, 안디옥은 이미 교회들 중 두
번째로 큰 규모였다.

바나바는 안디옥으로 떠났다. 예루살렘에서 안디옥까지는 500km이다.

안디옥 교회의 모임에 참여한 바나바는 유대와 갈릴리, 그리고 사마리아 교회들에서 보지 못한 장점들을 발견했고 그것들을 적극 살려야 한다는 결론에 이르렀다.

바나바는 길리기아 다소에 가서 바울을 찾았다. 안디옥에서 다소까지는 200km이다. 바울을 발견한 그는, 유대인 교회와도 다르고 유대인들의 신앙 표현과도 다른 독특한 방식의 모임을 갖는 안디옥 교회에 대해 바울과 나누었다. 바나바는 또한 자신이 바울로부터 직접 들었던 그의 독특한 회심, 즉 주님께서 바울에게 이방인들의 복음을 부탁하지 않았느냐는 사실을 상기시키며 그를 안디옥교회로 초청했다. 그렇게 바나바와 바울이 황제의 길을 따라 안디옥으로 걸어 들어간 해가 바로 이 특별한 42년도였다. 그곳에서 바울은 지도자가 아닌, 교회에 속한 한 형제로 지냈다. 이 사건은 다가올 43년을 주목할 만한 해로 만들 터였다.

43년

사도행전 11장

로마와 제국 내의 정황

43년에 클라우디우스는 로마를 떠나 영국의 한 섬으로 향했다. 그리고 그가 돌아올 때쯤 영국은 정복되었고 제국의 한 영역이 되었다. 로마는 이로부터 4백년 후에 영국에서 물러났다.

영국에서 싸우던 병사들 중에 베스파시아누스라는 한 장군이 있었다. 27년 후 그는 제국의 황제가 될 것이다.

교회

43년 경, 한 선지자가 안디옥에 당도해 로마전역의 흉년을 예언했다.

안디옥 교회는 예루살렘의 신자들을 돕기로 결정했다. 교회 안에 많은 가난한 신자들이 있었고 특히 예루살렘은 매년 세 차례의 거대한 절기를 치러야 했다. 무엇보다도 안디옥은 예루살렘과 자신들의 일체감을 보여주고 싶었다.

44년

사도행전 12장

안디옥 교회는 다가올 기근에 예루살렘에 닥칠 빈곤을 대비해 재정적인 도움을 보내기로 결정했다. 구호금을 전달할 사람으로 바나바와 바울이 선정되었다.

> 사도행전을 기록한 누가가 여기서 갑자기 바울과 바나바의 예루살렘 방문 사건을 삽입하는 이유가 있다. 그것은 이후 49년, 한 무리의 바리새인 그룹이 엉뚱한 주장으로 바울을 성토하였기 때문이었다. 그들은, 바울이 예루살렘 교회를 결코 방문한 적이 없고 그것은 열 두 사도를 두려워하는 거짓 사도이기 때문이라고 주장했다. 그러나 이 때 외에도 바울은 이미 37년도에 베드로와 야고보 그리고 요한을 만나 그들과 15일을 함께 보낸 적이 있었다

예루살렘에 도착한 두 사람은 충격적인 소식을 들었다. 아그립바 왕이 베드로와 요한을 체포하는 과격한 조치를 취한 것이다.

그들이 도착했을 때, 도보로 19일, 말을 타면 11일, 마차로는 7일, 배로는 4일+도보로 하루의 여정이었다. 대략 500km 야고보는 이미 목 베임을 당한 후였다! 베드로는 유월절 후에 있을 처형을 기다리고 있었다. 대략 4월경

당시에 모두 세 가지 사건들이 동시에 일어나고 있었는데 누가는 사도행전에서 이 모든 일들ー안디옥 교회의 예루살렘 부조, 예루살렘에서 죽음에

직면한 베드로, 그리고 가이사랴 궁전에서 일어난 아그립바 왕의 죽음-을 한꺼번에 진술하고 있다.

이 당시 베드로는 천사의 손에 이끌려 감옥에서 나왔다.행12:1-18

아! 유감스럽게도 안디옥 교회의 두 방문자를 주목하는 사람은 없었다.

기근이 닥쳤다.

만약 마음만 먹는다면, 아그립바는 다른 지방에 판매할 정도로 풍부한 곡식을 가지고 있었다. 그래서 두로와 시돈의 관리들은 그들의 식량사정을 호소하기 위해 아그립바의 궁전 뜰을 찾았다.행12:20 그들이 기다리는 동안 아그립바는 연설을 준비했다. 은실을 꼬아 짠 외투를 입고 아그립바가 등장했을 때, 마침 아침 태양이 성벽을 비추고 있었다. 그가 거만한 웅변을 쏟아놓을 무렵 아침 태양이 그의 은색 외투를 비추었고 그것은 불타오르는 장관을 연출하였다. 아그립바의 선의에 굶주림이 달려있던 그들은, "이건 사람의 목소리가 아니다. 이건 신의 목소리다."라고 소리치기 시작했다. 헤롯 아그립바는 하나님께 그 영광을 돌릴 위인이 아니었다. 그는 그들의 찬양을 스스로에게 돌렸다. 누가는 천사가 아그립바를 쳤고 그가 충이 먹어 죽었다고 우리에게 증언한다.행12:23

이 사건은 성경에만 기록된 것이 아니다. 1세기의 역사가 요세푸스Jose-phus의 기록에도 병행되는 내용이다.

누가 아그립바의 자리를 대신할 것인가? 그 자리를 놓고 이스라엘은 크게 동요하고 있었다. 아그립바는 유대인의 피가 섞였던 사람이고 유대인들의 문화에 익숙한 총독이었다. 그러나 클라우디우스 황제는 아그립바를 대신할 사람으로 유대인들을 전혀 알지 못하는 로마 군인을 선정했다. 이 사람이 파두스Fadus였다.44-46 파두스의 등장으로 이 해의 불안과 동요가 마침내 저항과 반란으로 자라났다는 사실을 주목하라.

로마인 총독에 대한 반란은 앞으로 22년 이상 계속될 것이다. 파두스의 통치기간은 단 3년에 불과했다. 이후 등극한 어떤 관리도 이스라엘에서 2년 이상을 버티기 힘들었다. 매번 짧은 기간에 교체되었고 그들의 무능함은 팍스로마나Roman peace를 이스라엘에 실현하는데 실패하였다.

44년에 시작된 기근은 47년까지 지속되었다. 바울과 바나바는 예루살렘 교회에 구호금을 전달한 후에 안디옥으로 돌아왔지만, 그들의 예루살렘 방문은 크게 주목받지 못했다.

이 동안에도 하나님의 복음은 빠르게 이스라엘 전역으로 퍼지고 있었다.

우리가 주목할 사실은, 바울이 37년과 44년에 분명 예루살렘을 방문했음에도 그가 회심 후에 예루살렘을 결코 방문한 적이 없다는 혐의가 이후 계속해서 그에게 씌워졌다는 사실이다.

이 당시 바울은 다메섹에서 한 차례, 그리고 예루살렘에서 한 차례, 이미 두 차례의 채찍을 맞은 경험이 있었다. 이 숫자는 앞으로 계속 늘어날 것이다.

로마는 카시야스Cassias를 시리아의 총독으로 임명했는데 그는 여전히 이스라엘을 감시하는 역할을 했다.

우리는 이제 반란과 폭동이 점점 커져가는 45년으로 이동하고 있다.

45년

(사도행전에 언급된 내용 없음)

로마와 제국 내의 정황

이 한 해 동안 안디옥 교회는 성장을 거듭하며 외진 마을과 도시까지 퍼져나가고 있었다.

이 해에, 클라우디우스는 영국에서 로마로 돌아왔다. 그의 아내 메살리나는 발레리우스Valerius를 시켜 반역을 꾀하였다. 발레리우스는 클라우디우스 황제가 떠나있는 동안 로마를 위임통치하고 있었다. 클라우디우스가 돌아온 후 그는 자살하도록 강제되었다. 메살리나는 모두를 불행에 빠뜨리는 곳에 자신의 권력을 사용하고 있었다.그녀는 3년 후에 죽을 것이다

이 해 그리스의 항구도시 디라키움Dyrrachium은 그리스에서 브린디쉬 Brundusium라 불리는 이탈리아 항구로 건너가는 요충지로 중요해지고 있었다. 이 사실을 주목하라. 향후 1400년 동안 이 도시는 중요한 역할을 담당할 것이다.

이스라엘

이 해는 파두스가 드다Theudas를 체포한 해이다. 드다는 자신의 발 앞에 요단 강이 갈라질 것이라 선포하며 몇 년 전부터 자신의 추종세력을 요단 강가로 이끌던 사람이었다. 그러나 요단강은 갈라지지 않았다. 그리고 드다는 체포되어 처형되었다. 거짓 선지자이든 참 선지자이든 모든 종류의

유대 선지자들을 로마는 좋아하지 않았다.

그 후 갈릴리사람 유다가 한 번 더 사람들 입에서 오르내렸다. 그 역시 자신을 유대인들이 기다리는 메시아라 주장하였다. 그러나 그도 드다처럼 체포되어 처형되었다.

이런 묵시형태의 지도자들apocalyptic-type men은 앞으로도 계속해서 등장할 것이다. 그들의 구호는 로마에 대한 봉기와 유대인의 메시아가 나타날 것이라는 상투적인 주장이었다.

기독교 최초의 문서가 등장할 시간이 가까워지고 있다.

46년

사도행전 13:1

안디옥 교회에서는 다섯 명의 형제들이 종종 기도를 위해 함께 모였다. 이 형제들은 그 지역의 예언자prophet들이었다. 여기서 예언자라는 말은 예수 그리스도를 증거 하는 직임을 감당할 수 있는 이들을 의미한다. 어떤 이들은 예수 그리스도께서 태어나기 전에 예언자로 부름 받아 주님 예수 그리스도의 강림을 선포했고 다른 이들은 주님께서 이 땅에 계실 동안 부름 받아 그 분의 승천과 신자들 안에 내주하심을 선포했다.

이 다섯 명의 형제들은 그리스도를 증거하며 도시 전체에 영향을 끼쳤다. 안디옥 교회는 매우 컸고 생기와 활기가 넘쳐흘렀다. 다른 어떤 교회와도 다른 공동체였다. 이 교회가 인류 역사의 진로를 바꿔놓는다.

이제 46년이 저물고 예루살렘 계통의 유대인 교회들도 막을 내리고 있다. 다가 올 47년은 안디옥 계통의 교회들이 출현할 것이다.

이후 성경의 일부가 될 최초의 기독교 문서가 출현하기까지는 아직 4년 더 남았다. 다른 말로 하면, 27권의 신약성경이 기록되기 전이지만, 그 첫 번째 문서의 배경이 되는 47년도가 밝아오는 것이다. 47-50년도를 잘 들여다보라. 그러면 당신은 그 최초의 기독교 문서를 이해하게 될 것이다.

우리가 "이야기"를 갖게 된다는 것은 무엇을 의미할까?

이 책 전체를 통하여 당신은 이야기The story라는 용어를 계속 만나게 될 것이다. 여기서 말하는 이야기란 독립적이고 개별 된 한 사건을 말하지 않는다. 오순절에서 예루살렘 멸망에 이르기까지의 모든 사건들로 엮어진 전체 스토리를 의미한다. 이것은 지금까지 결코 알려지거나 전해지지 않았던 이야기이다. 그러나 그 이야기를 아는 것은 당신의 삶을 바꿀 것이다. 30-70년에 존재했던 일세기 교회를 하나의 이야기로 풀어낼 모델을 가진 사람은 없다. 그런데 이 순간부터 그 이야기가 당신 안에 들어올 것이다. 그 이야기에 따라 떠오르는 모델을 당신이 보게 될 것을 기대하라.

이제 그 이야기들 중, 갈라디아 지역의 네 교회에 보내졌던 편지와 연관된 부분을 읽을 시간이 되었다. 과연 무엇이 바울로 하여금 그 편지를 쓰게 만들었는지 배우라.

모든 성경 교사들은 자신 안에 떠올릴 수 있는 첫 세기 교회의 모델이 있어야 한다. 그 모델은 그 이야기를 알게 될 때 그려지기 시작한다. 성경을 배우는 모든 학생들 역시 자신이 떠올릴 수 있는 일 세기 교회의 모델이 있어야 한다.

이제 그 이야기가 시작된다.

예루살렘 계통의 교회들이

막을 내리고

이방교회 계통의 교회들이

시작되다.

예루살렘 계통의 교회들이
막을 내리다

예루살렘 교회가 핍박을 통해 깨어지면서, 거기서 흘러나온 교회들은 모두 동일한 문화, 동일한 인종, 동일한 언어를 가지고 있었다. 이 교회들은 뿌리 깊은 편견그리스도는 오직 유대인들만의 메시아이고, 하나님의 구원은 오직 유대인들을 위해서만 주어진 것이며 그 구원을 받기 위해선 그리스도를 믿을 뿐 아니라 모세의 율법도 지켜야 한다는 선입관-역주을 가지고 있었을 뿐만 아니라, 유대인들, 그리고 유대인의 전통을 가진 사람들을 위한 교회였으며, 또 유대인의 의식에 꼭 맞는 그런 교회였다.

이런 "방식"의 교회는, 그 교회가 단일 문화, 한 국가일 때엔 가능하다. 다시 말하면 하나의 사고방식, 단일한 역사, 단일한 생활방식을 가진 사람들일 때 채택될 수 있다. 누군가 그 모임에 들어갔을 때, "아! 나와, 내가 성장하고 경험한 문화와 꼭 맞는 방식이구나"라고 여겨질 수 있는 곳에서만 채택될 수 있다는 말이다.

유기적인 교회를 찾아서

미국과 영국 선교사들의 스캔들

미국인들은 "교회"를 세우는 과정에서 미국적인 방식을 고집했고 그것을 다른 모든 교회들에게 적용해왔다. "기독교의 미국화"-The Americanization of Christianity, SeedSowers Publishing House를 보라. 이것은 유기적인 교회를 세상에 제시하는 방식이 아니다.

교회는 어떤 방식으로 세워져야 할까? 개혁교회Reformation Church의 찌꺼기를 굳세게 지켜나간다고 해서 그것이 유기적인 교회가 되지는 않는다.

그렇다면 교회는 어떤 방식으로 세워져야 할까? 전 세계적으로 가톨릭적인 신앙표현 방식이 있지만 유기적이라고 말할 수 없다. 개신교 역시 유기적이지 못한 것은 마찬가지다. 유기적인 교회는 어떻게 세워질 수 있을까? 안디옥 계통의 교회들이 거기에 답을 주고 있다.

이 이방 교회가 우리에게 주는 교훈은 무엇일까? 당신이 어떤 모임에 나갔는데 그 모임의 표현방식에 익숙하지 않다면 그들의 방식을 절대 따르지 말라. 당신이 고향을 떠나 살고 있다면 안디옥교회가 세워지던 방식을 따라 교회를 이루라.

내 말을 들으라. 지금껏 바울이 교회를 세웠던 방식을 따르려는 이들이 없었다. 안디옥 계통의 교회들은, 듣기만 좋아하는 소심한 사람들의 교회도 아니었고 혼자 모임을 주도하려는 이들의 교회도 아니었다.

이제 시작해보자.

제2권

안디옥 라인
47–53

(안디옥 교회로부터 흘러나온 교회들)

사도행전 13:1–18:3

안디옥 계통의 교회들

47-53년

(얼마간 비상식적인 바울의 교회개척 방식)

교회를 세우고자 열망하는 사람들에게: 만약 교회를 세우는 바울의 방식이 당신에게 그다지 대단해 보이지 않는다면, 당신은 왜 그렇게 한번 해보지 않는가?

안디옥 계통의 교회들이 시작된다.

이 교회들은 순회사역자들에 의해 세워졌다.

그 사역자들은 교회가 세워진 직후 곧 그 교회를 떠난다.

이것이 바로 유기적인 교회의 신앙표현 방식이다.

안디옥 계통의 교회들에서 무엇을 배우는가?

우리는 여기서, 교회란 무엇이며 교회가 어떤 모습이어야 할지를 배울 것이다. 우리는 실제 교회를 보게 될 것이다. 지금까지와는 다른 영역에서 주님의 신부인 교회의 성품을 암시받게 될 것이다. 이를 통해 교회가 드러날 것이다. 과장이 아니라, 교회가 어떻게 이 땅에 세워지는지를 보면서 당신은 소름이 돋을 것이다.

유기적인 교회의 본성을 알게 되면서 우리는 교회가 어떻게 회복되어야 할지에 대한 열쇠를 얻게 될 것이다.

안디옥 계통의 교회는 바로 그 자연스런 본성에 의해 생겨났다.

주님의 신부인 에클레시아는 살아있는 생명체다. 교회는 교회만의 DNA를 가지고 있다. 교회가 탄생하도록 도와준 다음 교회를 홀로-장로도 없이, 그 밖에 다른 어떤 것도 없이- 좀 내버려 두라. 그러면 교회 안에서 교회만의 자연스런 표현 방식들이 쏟아져 나올 것이다. 이 놀라운 결정은 오직 하나님과 그분의 백성을 사랑하며 "평신도"를 신뢰하고 오늘날의 목사들이 가진 사고방식을 포기한 교회 개척자를 통해 일어난다. 매 주일 설교하는 재미에 흠뻑 빠져있지 않은 목사, 그 교회의 생존을 그 교회 자체에 맡긴 후 뚜벅뚜벅 그 교회에서 걸어 나와 1년이고 2년이고 그 교회를 떠나 있겠다는 의지를 가진 순회 교회 개척자에 의해서만 일어날 수 있다. 그것이 바로 안디옥 라인의 교회들이 가지고 있었던 스타일이다.

하나님은 모든 교회들이 그 교회 자신만의 독특하고 자연스러운 믿음의 고백을 표현하도록 허락하셨다. 그래서 교회 개척의 모범으로 바울의 개척 방식을 선택하신 것이다.

다시 보는 37-46년

스데반이 죽던 날, 교회에 대한 핍박이 시작되었다. 신자들은 예루살렘을 탈출했다.행6,7,8 이것은 예루살렘에서 교회가 사라졌던 첫 사건이었다. 조금도 낙심하지 않고, 베드로와 야고보는 유대와 갈릴리에서, 빌립은 사마리아와 에디오피아에서 주의 말씀을 전하기 시작했다.

그때쯤 회심에 이르게 된 바울은 다메섹바울이 이곳에서 39대의 채찍을 형벌로 받았던 사실은 거의 확실해 보인다에서 바구니를 타고 성벽을 탈출하여, 은신하고 있던 베드로, 요한, 야고보를 만나러 예루살렘에 간다. 40-42년 즈음, 룻다Lydda에서 치유의 기적을 일으키고행9장 고넬료의 회심행10장을 돕던 베드로는 이방인들에게 복음을 전하는 첫 경험을 하게 되고행10장 그를 계기로 이방인들의 회심사건을 열두 제자들에게 보고한다. 이것이 41년이었다.행11장 그 때 안디옥에 교회가 탄생하게 된다.41-42

이 모든 일들이 괴물 같은 사악한 황제의 미친 통치 아래서 일어났다.

우리는 이제 오순절 이래, 가장 중요한 사건에 접근하는 중이다. 안디옥에서 일어났던 이 사건은 이후 교회의 진로에 중대한 역할을 하게 된다.

우리 목회를 하는 사람들 중에는, 우리 스스로가 신약성경적이라고 주장하는 일들을 많이 하고 있다. 그리고 그 주장을 뒷받침하기 위해 신약성경에서 발췌해낸 성경구절을 붙인다. 이제 앞 뒤 잘린 성경구절보다는 파노라마처럼 펼쳐진 전체이야기위에서 그 정당성을 확보하라.

　우리는 이제 지축이 흔들리는 47-58년으로 다가서고 있다. 당신이 이 부분을 다 읽고 난 후엔, 그 어느 누구도 당신 앞에서 "이것이 초대교회 신자들이 했던 일입니다. 우리가 지금 하는 일이 정확히 그 일입니다."라는 말을 못하게 하라.

바울이 갈라디아에 보낸 편지(갈라디아서)의 배경이 시작되다

47년

사도행전 13장

바울이 그의 편지를 쓰게 된 배경이 시작될 때마다 우리는 하나하나 그 것들을 메모해 둘 것이다.

47-50년에 일어난 사건들은 바울이 최초의 기독교 문서인 갈라디아서 를 쓰게 된 배경으로 작용했다. 이 해에 일어난 사건들을 이해하는 것이 갈 라디아서를 이해하는 초석이 될 것이다.

어떻게 이 작업을 해나갈 것인가?

1. 누가가 우리에게 많은 것을 말해준다. 누가가 사도행전을 썼던 해는 63년이었다는 사실을 기억해두라. 반면에 갈라디아서는 50년에 기 록되었다. 이것은 누가가 사도행전을 기록하기 전에 이미 갈라디아 서를 읽었다는 사실을 의미 한다. 그럼으로 누가는, 사도행전 13:1- 15:40바나바와 바울이 안디옥 교회를 떠나 갈라디아 지역에 네 교회를 세우고 다 시 안디옥으로 복귀한 후 예루살렘 공의회에 참석하기 까 지의 과정-역주에서, 우리가 47-50년 사이의 빈 시간들을 채워나갈 수 있도록 도와준다.

그리고 그것들은 결국 갈라디아서 이해의 실마리가 된다.

2. 바울의 편지를 읽는다는 것은, 다른 말로 하면 전화통화를 하는 두 사람 중 한쪽 당사자가 되는 것이다. 갈라디아서의 수신자를 바꿈mirroring or inverting으로써 우리는 통화를 하는 다른 쪽 사람을 알게 되는 것이다. 갈라디아서를 기록한 바울의 편에서 갈라디아서를 이해하는 것이 아니라, 우리 자신이 바울의 편지를 받았던 갈라디아 교회 공동체가 되어 갈라디아서를 이해하는 것을 말함-역주 우리는 바울의 편지 하나 하나를 배울 때마다 이 작업을 해나갈 것이다. 이를 통해 바울 서신은 맑고 투명하게 우리에게 다가올 것이다.

47년

사도행전 13장

기원 후 47년은 로마 건국 800주년을 기념하는 해였다. 이스라엘에서는 가밋Camith의 아들 요셉이 대제사장으로 있었다.

47년 봄, 안디옥 교회에 한 기도모임이 있었다. 정기적인 모임은 아니었다. 형제 중 몇 사람이 주님을 섬기는 일을 하고 있었다.행13:1-4

다섯 사람이 그 모임에 참여했는데, 그들은 바나바, 바울, 루기오, 마나엔, 그리고 시몬이었다.시몬은 흑인 시몬으로도 불렸다

이때 성령께서 "내가 불러 시키는 일을 위하여 바나바와 사울을 따로 세우라"고 이들에게 말씀하셨다.행13:2 그 후 일들은 빠르게 진행된다. 성령께서 시키신 일이란? 이방인들에게 복음을 전하는 일이었다.

이로써 안디옥 교회는 유대인들의 교회에서 이방인들의 교회가 되어가는 다리, 그리고 완전히 새로운 종류의 교회가 탄생하는 교두보로 작용하게 된다. 놀랍게도 현장에 있었던 그 다섯 형제는 바울과 바나바가 부름 받은 일을 시작하기 위해 어디로 가야할지조차 모르고 있었다. 교회는 이 일을 가늠해보기 위해 두 사람을 구브로 섬으로 보냈다.

바울의 첫 번째 여정

안디옥교회 계통의 교회를 세워나가는
바울의 첫 번째 교회개척 여정

첫 번째 여정

교회설립을 위한 첫 번째 여정은 47년 봄에 시작되었다.

바나바와 바울은 안디옥의 남쪽에서 실루기아Seleucia의 항구도시까지 16km을 걸어갔다. 거기에서 두 사람은 배를 타고 구브로Cyprus섬에 이르렀다.행13:4 요한이라고 하는 마가가 그들과 동행했다.

요한 마가는 이후 바울의 인생에서 아주 중요한 역할을 담당하겠지만 아직은 아니다. 그리고 언젠가 마가는 마가복음The Gospel According to Mark 이라 불릴 책을 기록할 것이다.

마가가 그들과 동행한 이유가 있다. 그는 어린 나이로 예수 그리스도의 십자가와 부활을 직접 목격했기에 두 사람의 복음전도를 뒷받침할 수 있었다. 우리는 당시 마가의 나이를 스물넷으로 추정한다.30년도에 7세였다고 추정 되기에 그는 바울과 바나바의 짐을 맡아 들었다.

구브로에서 그들은 약 한 달을 소비했다. 47년 여름이었다.

전승에 따르면 바울과 바나바는 그곳 구 바보Old Paphos의 회당에서 39대 의 채찍을 맞은 것으로 전해진다. 그것은 바울이 맞은 다섯 번의 채찍 중 두 번째였을 것이다. 그는 이미 37년에 예루살렘에서 채찍에 맞고 구타를 당한 것으로 보인다.

구 바보를 떠나 신 바보New Paphos에 이른 바울은 구브로의 총독에게 복 음을 증거 했고행13:7-12 한 유대인 마술사의 눈을 멀게 했다. 바울은 거기 서 11km 떨어진 밤빌리아지방, 앗달리아 동쪽 마을을 마음에 품었다. 그곳 은 복음이 전혀 닿지 않은 마을로 배 타고 정 북 방향으로 4일 길이 걸리는 마을이었다.

첫 번째 난파

이제 우리는 구브로에서 밤빌리아 버가에 이르는 항해 도중 발생했음이 분명한 바울의 첫 번째 파선에 접근하는 중이다. 바울은 이후 이때를 회상하며 "일 주야를 바다에 있었다."고 고백했다.고후 11:25-역주

바울과 바나바는 버가Perga근처의 작은 유대인 단체를 방문한 다음, 그들 걸음으로 사천피트 높이의 갈라디아 고원으로 향했다. 그것은 바울에게 있어 가장 고된 여정 중 하나로 기억 될 것이다.이로부터 10년 후에 기록된 고린도후서 6장 이하를 보라.

그들이 갈라디아에 도착한 것은 대략 47년 여름이었다.

클라우디우스가 로마 황제로 있었고 그의 아내 메살리나가 죽기 1년 전의 일이었다. 알렉산더가 이스라엘의 총독으로 있었고46-48 대 제사장은 가밋Camith의 아들 요셉이었다.

세상을 바꾸기 위해
필요한 시간은 얼마!

이제 당신이 접하게 될 시간은 바울이 각 도시에서 보냈던 개월 수이다. 다시 말하면 그가 교회를 세운 다음 자신이 세운 그 교회를 떠나기까지 그 교회에 머물렀던 시간을 말한다. 여기 처음으로 이 시간을 공개한다. 그리고 바울이 선택했던 이 방법이야말로 우리가 교회를 세울 때 마땅히 따라야 할 방법이다. 유기적인 교회가 되기 위한 다른 방법은 없다.

당신이 이제 막 접하게 될 내용은 내 삶을 영원히 바꾸어놓았던 것들이다. 부디 당신에게도 동일한 일이 일어나기를 ….

교회를 세우라, 그런 다음 떠나라

바울과 바나바가 들어갔던 첫 번째 도시는 안디옥이라 불리는 비시디아 지역의 경계 상에 위치한 마을이었다. 그 도시는 비시디아 안디옥이라 호명됨으로 다른 열여섯 개의 도시들과 구별되고 있었다.행13:14-50

바로 이곳에 첫 이방인교회가 세워졌다.

> 예루살렘 교회는 전적인 유대인들만의 교회였다. 핍박으로 깨어진 이후 유대와 갈릴리 등에 세워진 교회도 전적으로 유대인들만의 교회였다. 핍박을 피해 제일 먼 곳으로 피신한 제자들에 의해 세워진 안디옥 교회는 유대인들로 시작했지만 이방인 교회로 성장하였다. 즉 유대인 교회와 이방인 교회의 가교 역할을 했던 셈이다. 그러나 비시디아 안디옥 교회는 이방인들로 시작해 이방인 교회로 성장한 첫 교회였다-역주

누가는 그 점을 분명히 하기 위해 굳이 34문장을 이 부분을 설명하는데 할애하고 있다. 비록 유대 전통, 유대 의식, 유대적인 관습에 익숙한 두 유대인바울과 바나바에 의해 세워졌을지라도 비시디아 안디옥에 세워진 교회는 전혀 유대적인 방식으로 그들의 믿음을 표현하지 않았다.

여기 교회를 세우는 놀라운 방식, 바로 1세기 스타일이 있다.

바울이 비시디아 안디옥에 도착하다 ······························ 47년 7월

바울이 비시디아 안디옥을 떠나다 ······························· 47년 11월

비시디아 안디옥에서 보낸 총 시간 ···························· 5개월

교회 건물도 없었다. 신약성경도 없었다. 주변에 도움을 받을 만한 그리스도인도 없었다. 성경공부도 없었다. 다만, 다만 세 가지-하나님의 사람들, 교회, 내주하시는 주님!!-만 있었다.

적대자들로 인해 바울은 비시디아 안디옥을 떠나 이고니온으로 옮겼고 그곳에서 바울은 한 번 더 자신의 양심에 새겨진 원칙을 따른다.

바울이 이고니온에 도착하다 ······························· 47년 12월

바울이 이고니온을 떠나다 ······························· 48년 4월

이고니온에서 보낸 총 시간 ······························· 5개월

이 패턴이 과연 이후 여정에서도 반복될 것인가?

바울은 이고니온을 떠나 루스드라로 이동했다.

48년

사도행전 14장

우리는 이제 48년으로 접어들었고 두 개의 이방인 교회가 더 세워지는 지점에 와 있다. 세 번째 교회는 루스드라 교회이다.^{행14:8-20}

바울이 루스드라에 도착하다 ······································· 48년 5월

바울이 루스드라를 떠나다 ··· 48년 8월

루스드라에서 보낸 총 시간 ··· 4개월

누가가 사도행전에서 언급하고 있지 않지만 매우 중요한 한 젊은이가 이곳 루스드라에서 구원받게 된다. 그 회심자는 바로 디모데였다. 디모데는 이후 이방인 교회를 세우는 여덟 젊은이 중 하나가 될 것이다. 유대인 교회를 세우는데 12사도가 존재했던 것처럼 이 여덟 젊은이들은 거의 그에 필적하는 인물들로 자랄 것이다.

루스드라에서 돌에 맞고 쫓겨난 바울은 그곳을 떠나 더베^{Derbe}로 갔다.^{행14:19-20} 더베는 바울이 갈라디아 지방에 세웠던 네 교회 중 마지막 교회였다. 이곳에서 회심한 젊은이 중 한 사람이 더베의 가이우스이다. 가이우스 역시 이후 여덟 명의 이방인 사역자 중 하나가 될 것이다. 우리는 그 해 48년 가이우스의 나이를 25살로 추정하고 있다.

바울이 더베에 도착하다 ·· 48년 9월

바울이 더베를 떠나다 ·· 48년 12월

더베에서 보낸 총 시간 ·· 4개월

이게 정말 가능한 일인가?

믿을 수 없는 교회개척 방식에 대한 사적인 고백

당신이 지금 읽고 있는 내용을 내가 처음 접했을 때 나는 경악했다! 그리스도가 전혀 알려지지도 않은 땅에서, 아무것도 없이 교회가 시작되고, 설립자가 다섯 달 만에 그 교회를 떠나간다?! 이것은 교회에 대한 오늘날 우리의 이해와 사고방식에 전면적인 도전을 던진다. 교회 건물도 없다. 성경도 없다. 성경공부도 없다. 예수 그리스도에 대한 사전 지식도 없다. 그런데 교회를 세운다. 그리고 그 설립자가 네 달 만에 그 교회를 떠난다. 이것이 오늘날 복음주의 교회의 역량으로 가능한 일인가?

한 도시로 들어가 한 지역에 교회를 세운 후, 그 어린 교회를 떠나기까지 바울은 최대 다섯 달 이상 머물지 않았다. 게다가 여기 갈라디아인들은 로마 제국 내에서 가장 가난한 사람들이었다. 그들은 글자 그대로 문맹이었다. 그들이 사는 도시에서 그들은 주변인들이었다. 오로지 다섯 달! 그리고 그들 모두가 이제 막 믿은 사람들이다. 그런데 바울은 그들을 떠난다!

꼭 기억하라. 당신과 나는 읽고 쓰는 능력, 다시 말하면 신약성경을 읽고 연구하는 것을 그리스도인이 되는 일과 거의 동일시 여기는 환경에서 가르침 받아왔다.

더욱 놀라운 것은 그렇게 갈라디아를 떠난 바울은 일 년 이상 그 교회에 발을 들여놓지 않았다는 사실이다.

이렇게 할 수 있는 사람이 지금 이 땅에 살고 있을까?

나는 의자를 뒤로 밀어내며 소리쳤던 경험이 있다. "오늘날의 기독교에서 이런 모습은 존재하지 않습니다!"

그렇게 소리치고 난 다음 7년 동안 난 어떻게 바울이 그렇게 할 수 있었는지 그 비밀을 캐내기 위해 할 수 있는 모든 일을 다 해보았다. 그 열쇠가 과연 무엇이었을까? 이런 방식으로 교회를 세우는 목회자는 없다.

그 후 바울의 방식으로 교회를 세우는 일에 인생의 절반을 보낸 사람으로서 난 한 가지만큼은 분명히 말 할 수 있다. 실제적 도움뿐 아니라 엄청난 영적 도움이 필요하다.

우리가 오늘날 이와 같은 방식을 따르고자 한다면, 그동안 "기독교적인 삶"의 핵심이라고 여겨왔던 모든 것들을 내어버려야 할 것이다. 기독교적인 삶이란 그 보다 훨씬 더 높은 경지에 오르는 것임에 틀림없기 때문이다.

무엇보다 중요한 것은 이것이다. 예수 그리스도께서는, 우리가 믿음의 삶이라고 여기며 오늘 행하고 있는 그런 낮은 수준의 삶을 그리스도인의 삶으로 결코 의도하지 않았다는 사실이다.

> 이것은 지금보다 성경을 더 많이 읽고, 더 많이 금식하고, 더 열심히 교회에 나가고, 지금보다 더 많이 봉사하고 더 많은 전도지를 돌려야 한다는 말이 아니다. 우리가 신앙생활을 한다고 말할 때 보통 떠올리는 것들, 이를테면 주일예배에 다녀오고 성가대에 참여하고 교회 청소와 선교회, 바자회에 참여하는 이런 일들이 그리스도께서 우리를 부르실 때 의도하셨던 그리스도인의 삶이 아니라는 말이다—역주

오늘날 복음주의 기독교가 뿌리에서 심하게 벗어나 있다는 사실을 우리는 발견하고 있다. 한 예로서, 복음주의 기독교는 바울이 교회를 세웠던 방식을 결코 따르지 않는다. 만약 따르려 한다 해도 우리의 영적인 얄팍함에

정면으로 충돌해 실패하고 말 것이다. 바울의 사역은 우리 복음주의가 결코 알 수 없는 영적인 깊이에 들어가 있었다. 바울이 세웠던 교회들이 살아남고 또 성장할 수 있었던 것은 바로 그리스도에 대한 그들의 영적인 깊이 때문이었다. 오늘날 개인화되어있는 우리 그리스도인의 삶은 능력을 발휘하지 못한다. 우리가 몸을 이루지 못하는 한 수많은 기독교 서점의 책들은 결코 신앙의 동력을 부여하지 못할 것이다. 우리가 지금 말하고 쓰고 생각하는 것들은 모두 한 개인의 신앙생활에 적용되는 것들이다. 첫 세기 그리스도인의 삶은 당연 공동체적인 삶이었다. 오늘처럼 개별적인 그리스도인의 삶을 유지하기 위한 연구는 무익하다. 기독교적인 삶을 살기 위해 모험을 결심한다는 것은 곧 공동체적인 삶의 모험을 의미한다. 기독교적인 삶은 다른 어떤 방법으로도 작동하지 않는다.

이때까지 나는 30권의 책을 써왔다. 만약 하나님께서 내게 은혜를 베풀어 생명을 지속시켜 주신다면 나는 또 다른 30권을 쓸 것이다. 그 30권의 책들은 단 한 가지 역할에만 집중할 것이다. 그것은 예수 그리스도를 중심에 모시고 유기적인 신앙표현이 가능한 교회를 세우는 것과 관련된다. 교회의 유기적인 신앙표현은 그 교회를 세운 사람이 스스로 그 교회를 떠나기까지는 성취되지 않는다. 주님의 신부인 그녀는 "유기적인 몸"을 스스로 발견한다. 이런 핵심적인 요소를 견지할 때, 그리스도인의 삶이 거룩한 개인의 삶을 사는 데 있지 않고 몸을 이루는 삶이라는 사실을 아는데 이를 것이다. 그리고 그것은 주님의 신부인 그녀로 하여금 그 지역에 맞는 독특한 신앙표현으로 주님께 나아가도록 그녀를 안내할 것이다!

이것이 두려운가? 그렇다. 그것은 매우 두려운 길이다. 이것은 어려운 일일까? 그렇다. 그것은 극히 어렵다. 그렇다면 그것은 불가능한 것인가?

그렇지 않다! 다만 바울과 같은 삶을 사는 사람을 발견하는 것이 어렵다. 거의 존재하지 않는다고 보면 된다! 순회하는 교회 개척자의 도움이 절대적으로 필요하며 경이로운 영적 생활을 하는 교회의 도움도 필요하다. 그러나 그것은 분명 가능할 뿐 아니라 그것이야말로 하나님이 행하시는 방법이다.

아무 말 없이 듣기만 하는 청중들을 앞에 두고 설교단 앞에서 늘어놓는 목사의 사상이나 가르침은 교회의 이야기 앞에 퇴색될 수밖에 없다.

가장 아름다운 일 중의 하나는 하나님의 백성들이 이런 것들을 보고, 그들 스스로 이것을 시도해보는 것이다. 우리는 그동안 성직자 없이 그 위대한 일을 해낼 "평신도"들의 능력을 너무 업신여겨왔다.

왜 이런 일들이 그동안에는 드러나지 않았을까?

이런 이야기들이 이전에는 왜 드러나지 않았을까? 대답은 간단하다. 기독교 역사상 어느 누구도 하나님의 말씀을 연대기적으로 읽으려 하지 않았기 때문이다. 우리는 지금까지 신약성경이 처음 우리에게 전해졌을 때 그 속에 배열된 순서대로 읽어왔다. 이 뒤엉킨 순서 속에서 하나의 이야기가 엮어져 나오기란 어렵다. 뒤죽박죽된 순서는 우리가 신약성경 전체의 그림을 볼 수 없게 만들었다. 그래서 우리는 처음부터 끝까지 연결되어 있는 한 편의 이야기를 가질 수 없었던 것이다. 일단 우리가 연대기적인 순서로 신약성경을 읽기 시작하면 3차원적인 아름다운 배경이 우리 앞에 드러난다.

이제 그 3차원적인 여행을 계속해보자.

제국의 저잣거리는
오늘날의 신문이었다

모든 도시와 마을, 시골 동네까지 한개 이상의 시장이 있었다. 이 저잣거리는 누구나 새로운 소식을 듣게 되는 장소였다. 이 책에선 바로 그 시장터에 나돌았던 많은 이야기들이 당신에게 전해진다. 37-41년, 그리고 47-49년의 로마 저잣거리는 특히나 극적인 소문들로 무성했다. 그러나 이스라엘에 들린 가장 극적인 소문들은 57-58년, 그리고 65-70년 사이에 접했던 소식일 것이다.

계속되는 48년

47-48년 사이 갈라디아에서 일어났던 일은, 처음으로 돌아갈 길을 찾고 있는 이 시대의 우리들에게도 삶의 변화를 준다. 하지만 세상을 흔들었던 이 2년 동안의 일들에 대해 로마와 이스라엘 사람들은 아무것도 모르고 있었다.

이스라엘의 저잣거리에선 오직 갈릴리 출신의 유다와 그의 두 아들에 대한 소문으로 웅성거렸다. 이후 유다는 로마정부에 체포되어 재판에 넘겨졌다. 대제사장은 유다와 그의 추종자들에게 십자가형을 명했다. 이러한 소식들이 갈라디아에 있었던 바울과 바나바에게도 닿았을까? 그랬을 것이다. 회당은 이스라엘에서 날아드는 소식들이 모아지는 곳이었다. 그 두 사람이 그 소식을 접했다고 믿어도 좋다!

그 해 48년은 B.C. 86년 폼페이에 의해 이스라엘이 정복된 이래 가장 불안한 해였다. 로마 군인들과의 무력충돌이 시작되었다.

아그립바 2세에 대해선 앞에서 이미 소개했다. 그는 유대 땅 중 일부를 다스릴 권한을 받았다.

분노의 몸짓

연례축제일 중 높은 탑에 올라가 성전을 감시하던 한 로마병사가 아래 있는 유대인들에게 불쾌한 몸짓을 했다. 유대인들은 분개했고, 이것은 이후 수년간 계속될 격렬한 갈등을 유발하였다. 유대인들은 그 병사를 처벌할 것을 요구했고 결국 역사에 길이 남을 사건a cause celebre으로 비화되었다.

쿠마누스 총독

총독 다두수Thadus가 쿠마누스Cumanus 48-49라는 새 총독으로 바뀌었다. 쿠마누스는 다두스보다 훨씬 더 부정한 인간으로 밝혀졌다. 점점 더 자라나는 소요를 진압하기 위해 쿠마누스는 더 많은 로마 군인들을 예루살렘에 요청할 수밖에 없었고 이는 다수 유대인들의 격렬한 저항을 불러 일으켰다. 쿠마누스는 이들을 무자비하게 진압했다. 예루살렘은 공황상태가 되었고 수많은 무고한 시민들이 살해되었다.

이러한 48년의 소요는 한 무리의 분노한 유대인들이 로마 군인들의 물품을 조달하던 대상a caravan을 약탈했을 때 더 한층 타올랐다. 이 사건은 유대에 속한 벧호른Beth-horon에서 발발했다. 그러자 이번엔 군인들이 벧호른에 침투해 그 도시를 약탈하고 관리들을 체포해갔다.

토라가 불태워지다

로마 군인 중 하나가 토라모세의 율법를 움켜쥐고 찢어버린 후, 그것을 불태우는 극단적 신성모독을 저지르자 긴장감은 극도로 치솟았다. 로마에 대한 저항은 18년 동안 근근이 지속되어 왔지만 48년엔 금방이라도 무슨 일이 터질 것 같은 분위기였다.

역사가 요세푸스는 48-52년에 대하여 이렇게 기록했다. "지난 수년 동안은 로마에 대한 소극적인 저항이 계속되어왔다." 이때부터는 점령군에 대한 계획적이고 격렬한 저항이 전개되었을 것이다.

히브리인들이 마카비Maccabees 가족을 쉴 새 없이 입에 올리기 시작한 것도 이 무렵이었다. 마카비는 시리아의 이스라엘 지배에 대항해 싸웠던 유대인들의 영웅이었고대략 B.C. 30년경 심지어 시리아 정복자들로부터 유대를 해방시켰던 인물이었다. 사람들은 이 마카비 일가의 영웅담에 그들의 소망을

덧붙였다: "만약 우리가 로마에 대항해 봉기를 일으키면 메시아가 나타나 로마를 쓸어버릴 것이다."

이 지론은 49년, 한 유대인에 의해 실제 실험될 것이다.

어쨌든 쿠마누스는 토라를 불태운 그 군인에 참수형을 내렸다.

예루살렘이 이런 긴장가운데 있을 때, 우리는 갈라디아에서 안디옥 교회로 복귀하는 두 사람의 교회개척자를 떠올려야 한다. 그 48년은 또 하나의 충격적인 일을 품고 있었다.

황후의 공적인 처형에 전 세계가 경악하다

메살리나황제 클라우디우스의 아내는 간통을 저지르고 그 사실을 공공연히 떠벌리고 다녔다. 그러자 클라우디우스는 그때껏 어느 누구도 내리지 않았던 조치를 취했다. 그는 황후 메살리나를 공개적으로 처형해버렸다. 이것은 전례 없는 일이었다. 이 보기 드문 조치에 대해 바울은 "무법한 조치"라고 말했다.

법에 저촉되지 않는 한 사람

제국 내의 일반 백성들이 생각하는 황제 상像에 대해선 앞에서 언급했던 사실을 기억하라. 즉 누가 황제 자리에 오르던 백성들에겐 언제나 동일한 그 한 사람의 황제였을 뿐이다. 바울도 이런 황제 상像이 갖는 속성을 이미 알고 있었지만, 이 사람 클라우디우스는 훨씬 더 타락하고 전적으로 법을 무시하는 죄인임을 알게 되었다. 황제 자신에게 적용하는 법 조항은 단 하나도 없었다 황제는 남자나 여자를 무론하고 마음대로 유배시키고 사람들의 재산과 재물을 압수했으며 압수하는 과정을 생략하려고 그 사람을 살해하기까지 했다. 그리고 이제 어떤 재판과정이나 승인, 또 법적인 검토도 없이 황후를 공개적으로 처형해버렸다. 제국 내 여느 시민들처럼 바울 역시, 역사상 누구보다 방탕하고 고문을 일삼고 공개적으로 비행을 저지르는 미친 황제의 방종을 목격하였다. 이후 49년, 50년, 그리고 51년에 클라우디우스가 저지르는 일들을 목격하며 황제에 대한 바울의 관점은 확고히 고정되었다.

이제 이스라엘과 로마에서 일어났던 일들은 잠시 접어두고 47−48년, 갈라디아에서 일어난 일들로 되돌아가 보자.

49년

사도행전 14장-15장

이제 49년이 괴물처럼 다가오고 있다. 공개적으로 황후를 처형했던 48년의 사건이 충격적이었다면 49년은 훨씬 더 충격적인 해가 될 것이다.

바울과 바나바는 그들의 모 교회인 안디옥 교회를 지금 2년 동안 떠나 있는 상태이다. 49년 봄, 그들은 밤빌리아에서 안디옥으로 돌아가는 배에 올랐다. 바울은 그동안 세웠던 4곳의 순진무구한 교회들이 이제 막 불 시험에 떨어지게 될 것을 까마득히 모르고 있었다. 또 다가올 49년에 유대인 전체를 절망시킬 사건이 발생하리란 것도 전혀 모르고 있었다.

잠깐 동안의 재방문과 작별

안디옥 교회로의 복귀를 마음먹은 후, 바울과 바나바는 그들이 갈라디아에 세웠던 네 교회를 차례로 잠깐 동안씩 재방문했다.

두 사도의 재방문을 받는 갈라디아 네 교회들

바울은 갈라디아의 네 교회들을 재방문하며, 각 교회당 약 두 주에서 네 주 동안 그들과 함께 머물렀다. 교회까지 도착하는 여정을 포함 이 방문은 네 달을 넘지 않았다.

네 교회 중 제일 마지막에 세워진 더베교회에서 네 달을 함께 지낸 후, 두 사도는 자신들이 세웠던 교회들을 거꾸로 재방문하며 밤빌리아까지 내려오는 위험한 여정을 감수했다.

재방문

바울이 각 교회에 머무른 기간:

루스드라 교회와 한 달 ······························	49년 1월
이고니온 교회와 한 달 ······························	49년 2월
비시디아 교회와 한 달 ······························	49년 3월
밤빌리아 버가에 닿음 ······························	49년 4월

이제 막 세워진 네 교회들은 앞으로 1년 남짓한 시간, 평화를 유지할 것이다.

두 사도가 거기 밤빌리아에서 수리아 안디옥으로 가는 배에 오르기 직전의 상황을 한번 냉정하게 되짚어보자.

놀라운 사실

비시디아 안디옥교회는 17개월 된 교회였다. 이 교회는 바울과 바나바가 떠난 후 14개월이 지나도록 그들을 보지 못했다.

이고니온교회는 13개월 된 교회였다. 이 교회는 바울과 바나바가 떠난 후 8개월이 지나도록 그들을 보지 못했다.

루스드라교회는 8개월 된 교회였다. 이 교회는 바울과 바나바가 떠난 후 4개월이 지나도록 그들을 보지 못하였다.

더베교회는 이제 설립된 지 단 4개월 된 교회였다. 그런데 이제 홀로 남겨졌다. 이 교회는 이후 1년 넘게 바울을 다시 만나지 못할 것이다.

넉 달 된 교회가 14개월 동안 홀로 남겨져 살아남을 수 있을까 ⋯ 그리고 이 어린 교회가 이제 막 다가올 위험, 이 세상 어떤 교회라도 침몰 시킬 만한 외부로부터의 공격에 직면할 수 있을까? 우리는 그 답을 곧 알게 될 것이다. 바울이 갈라디아를 떠났을 때는 49년 여름이었다. 위의 두 질문에 대한 답을 우리가 알려면 50년 봄이 되어야 한다!

여기서 우리가 꼭 점검할 사실이 있다. 당신은 지금까지 교회의 긴 장의자, 설교단과 설교, 성경공부, 그리고 수많은 목사들에 익숙할 것이다. 또 수많은 "성경적인 장식물"이를테면 십자가, 가운, 강단 보, 촛불 등-역주들에도 익숙해졌을 것이다. 오늘날 우리가 행하고 사용하는 이 모든 것들은 전부 성경적인 근거를 가지고 있다. 그것이 성경적임을 뒷받침할 많은 성경구절이 있다는 말이다. 그러나 성경"구절"이 아닌, 1세기 교회 전체적인 교회 상像에 비추어 볼 때, 우리에게 익숙한 어떤 것도, 그리고 우리가 오늘날 하고 있는 어떤 관습도 그들과 일치하지 않는다.

바울과 바나바는 49년 봄쯤에 안디옥교회로 돌아왔다.

갈라디아에서 펼쳐졌던 주님의 일들을 안디옥교회 형제자매들에게 보고하기에 앞서, 이들은 예루살렘 교회에 먼저 보고하게 될 것이다.

안디옥 교회에 도착하자마자 바울은 믿을 수 없는 위기를 목격하게 된다.

어쨌든 이것이 바로 초대교회 스타일의 교회개척이었다. 오늘날 이것을 시도하려는 사람들은 과연 어디 있을까?

주님께서 우리에게 내리신 교회설립의 양식이 바로 이것이다. 이것이 1세기의 교회설립 방식이다! 이 스타일에 도전하고 감히 시도하려는 개척자들은 어디 있을까? 그것은 바로 이 책을 읽는 당신에게 달려있다.

안디옥 교회로 복귀하다 (49년 봄, 행14:27)

교회 개척자 바울은 지난 2년 동안 안디옥을 떠나있었다.47년 봄- 49년 봄 그와 바나바가 안디옥교회에 알린 소식은 모두를 전율케 했다. 돌아온 두 사도와 인사를 나누는 그 자리에는 향후 1세기 교회사에 중요한 위치를 차 지할 두 젊은이가 그들의 인사말을 경청하고 있었다는 사실을 기억해 둘 필요가 있다. 한 사람은 의사였는데 후에 교회역사를 기록할 것이고 다른 한 사람은 거인이란 이름으로 불리게 될 젊은이였다. 그들은 바로 누가와 디도이다.

흥분과 환호가 가라앉은 후 두 사람은 다시 안디옥 교회의 "형제 중 하 나"로 되돌아갔다. 두 사람이 갈라디아에서 행한 일들은 결국 예루살렘교 회의 관심을 끌게 되었다.

베드로는 안디옥교회라 불리는 이 경이로운 모임에 내려가 직접 확인해 보기로 결정했다. 안디옥 교회는 베드로를 뜨겁게 환영했다. 바나바는 베 드로에게 그간의 일들을 마침내 보고했다.안디옥에서 일어난 일들을 알아보려고 43년에 보냄 받은 바나바가 49년이 되어서야 베드로에게 보고한 것이다 그런데 안디옥 과 갈라디아에서 일어난 놀라운 소식을 접한 또 다른 무리가 있었다. 그들 이 궁금한 것은 오직, "그 불결한, 더러운, 부정한 갈라디아의 이방인들이 할례를 받았는가, 아닌가?"였다.

바리새인들이 안디옥에 내려오다

당시 이스라엘 내에서는 많은 유대인들이 지나치게 로마화化 되고, 모세 에 의해 확립된 유대교의 기초를 저버리며 사는 것은 아닌가라는 걱정이 팽 배해 있었다.

이런 와중에 그 가시 하나가 안디옥에 도착했다. 율법주의자, 전통주의자, 수구주의자, 종교적 교리에 얽매인 종파주의자들이 이제 이방인 신자들 위에 덮칠 판이었다.

이 유대인 방문객들은 그들이 안디옥에서 목격한 상황, 즉 할례도 받지 않은 이방인들이 호들갑스럽게 예수 그리스도를 사랑하는 모습을 보고 영 맘에 들지 않았다. 그뿐만이 아니었다. 그들은 갈라디아라고 불리는 어딘가에 이와 비슷한 네 개 이상의 교회가 더 세워졌다는 말을 들었다.

이때, 예수님께 헌신된 바울만큼이나 모세에게 헌신된 한 사내가 등장하게 된다. 그는 둘째가라면 서러워 할 악역을 맡은 사람이었다. 바리새인 중의 바리새인이었던 그는 예루살렘에서 자신을 추종하는 한 무리의 바리새인들을 데리고 안디옥에 내려온 것이었다. 심지어 예수 그리스도의 혈육, 야고보에게 받은 편지까지 들고 말이다! 예루살렘에서 내려온 이 "형제들"은 바울이 모세의 율법을 배신한 사람인지를 알아보려 했다. 이들의 다른 한 쪽 눈은 베드로를 감시하고 있었다. 왜냐하면 베드로도 이미 욥바라는 도시에서 이방인과 머물렀던 적이 있었기 때문이다!

안디옥 교회는 이 새로운 방문객들에게 깊은 인상을 받았다. 수많은 가정에서 모임을 갖고 있었던 안디옥 교회는 이 엄숙해 보이는 방문객들을 자신들의 전체 모임가운데서 빨리 만나보고 싶었다. 이 방문객들 중에는, 이후 바울이 자신을 찌르는 가시라고 부르게 될 사내도 포함되어 있었다.

얼마 후 이들 모두가 함께 모인 자리에서 충격중의 충격이라 할 만한 사건이 터지는데 아마 예루살렘 공의회 기간이었을 것이다.

십 수 년 중 가장 큰 사건 중의 하나로 기록될 로마에서의 소동

49년 말, 한 무리의 유대인들이 오랫동안 품어왔던 그들의 지론, "만약 우리가 로마에 봉기하면, 메시아가 나타날 것이다."를 실험해보기로 결정했다. "메시아"라는 용어를 사용할 때, 그것이 우리 주님 예수 그리스도를 가리키는 것이면 대문자〈한글 본에선 이탤릭체〉를 사용할 것이다. 그러나 고대 유대인들이, 그들의 전통대로 수 천 년 간 기다려오던 메시아를 언급하는 것이면 소문자〈한글 본에선 본문의 바탕체〉로 표시될 것이다. 유대인들은 바벨론 포로B.C.578 때부터 메시아가 도래할 것에 확신을 품어오고 있었다. 이 메시아는 로마를 포함한 모든 적들로부터 하나님의 백성인 자신들을 구해낼 것이라고 유대인들은 굳게 믿었다.

로마인들은 로마인들대로 식민국들에 대한 나름의 전통을 가지고 있었다. 그것은 "반역해보라, 그러면 무참히 짓밟힐 것이다"라는 모토였다. 만약 피지배국들 중 한 나라가 반역을 일으키면 출동한 로마군이 군화발로 그들을 통치할 것이었다. 로마와 함께 평화롭게 살라, 세금을 내고 평화를 얻으라, 이것이 팍스 로마나pax Romana였다. 폭동이 없는 한 팍스로마나는 유지되었다. 로마에게 있어 피지배민들의 폭동은 궁극의 죄였던 셈이다.

로마에는 2만 명 정도의 유대인이 살고 있었다. 그들 대부분은 실제로 테베르Tiber강 맞은편 트랜스티버Trans-Tiber라 불리는 집단 거주지에 살고 있었다. 신비주의적인 몇몇 유대인들이 트랜스티버에 살고 있던 소수의 유대인들에게, 만약 거기 로마 본토에서 봉기를 일으키기만 하면 유대 메시아가 나타나 로마를 정복할 것이라고 확신을 심어주었다. 황제로서는 그들의 뻔뻔한 맹신에 대경실색했다.

클라우디우스는 재빠른 조치를 취했다. 그는 모두에게 잊혀진 오래된 옛 법 한 조항을 꺼내들었다. "어떤 유대인도 로마에 거주할 수 없다." 하루아침에 로마에 거주하던 모든 유대인들이 로마를 떠나야했다.

　제국의 저잣거리에서 이 소식을 전해들은 유대세계는 공포에 질렸다. 그래서 "클라우디우스는 적그리스도다"라는 말이 나왔던 것이다. 유대인추방령을 내리기 1년 앞서, 클라우디우스는 그의 아내를 공개적으로 처형했다. 이제 49년, 그는 모든 유대인들을 로마에서 내몰았다. 이것만큼이나 옳지 않았던 또 하나의 비행은 그가 조카인 아그리피나와 결혼한 것이었다. 그들의 결혼은 근친상간이었다. 유대인들의 중심에 황제란 다 똑같은 인간, 티베리우스나 칼리굴라나 클라우디우스나 모두 미쳐 타락한 인간, 법 위에 존재하는, 죄를 뒤집어쓴, 메시아를 적대하는, 그리고 근친상간이나 저지르는 악한 속성의 동일 인격일 뿐이었다!

　황제는 광인이고 법 없이 사는 인간이었다. 그리고 이제 2만 명이나 되는 사람을 피난길로 내몬 악한 존재였다. 유대인들의 분노는 말 할 수 없었다. 그러나 다른 한편, 황제를 추종하는 로마 시민들 중엔 이 괴상한 히브리인들에 대한 반감과 혐오가 조성되었다.

　바울 역시 다른 유대인들과 똑같은 심정이었을 것이다. 무엇보다도 바울은 두 가지의 원대한 계획을 세우고 있었다. 하나는, 클라우디우스에 의해 이제 불가능해졌지만, 로마에 교회를 세우는 것이었다. 다른 하나는 이방인 사역자들을 길러내는 것이었다.

　여기서 이 사실을 분명히 해두자.

　"로마에서 교회를 처음 시작했던 사람이 누구인가?"라는 질문이 지금까지 제기되어왔다. 49년부터 줄곧 로마에는 어떤 유대인 그리스도인도 존재하지 않았다. 그 이전에 혹 작은 신자들의 모임이 존재했었어도 클라우디우스의 령이 떨어진 이후에 모두 소멸되었다. 하지만 바울은 그럼에도 "로마 교회"는 반드시 세워져야 한다고 믿었고, 그렇게 세워진 로마교회는 반드시 이방인들의 교회여야 한다고 믿었다. 문제는 유대인 추방령 때문에 바울 자신도 로마에 들어갈 수 없는 상태에서 어떻게, "이방인들의 나라, 로마"에 유대인 교회가 아닌 "이방인 교회"를 세워내느냐 하는 것이었다.

47년, 48년, 그리고 49년은 거대한 산맥을 형성하는 사건들로 가득했던 해였다. 이제 다가올 50년도 그에 필적하는 한 해가 될 것이다.

우리는 드라마틱하고 아슬아슬한 50년의 문턱에 들어서고 있다.

50년은 다시 갈라디아로 건너가 바울의 두 번째 여정, 빌립보에서의 잔인한 구타, 세 교회로부터 내쳐지는 바울의 신세, 그리고 연이어 기록되는 바울의 두 서신들을 목격하게 될 것이다.

50년 봄에 기록된 갈라디아서, 기독교 문서들 중 세계 최초의 기록(행15장; 갈1–2장)

종교적 율법주의에 얽매인 사람보다 더 불행한 사람은 없다. 안디옥 교회를 찾은 그 바리새인들 역시 참 불쌍한 사람들이었다!

누가도 안디옥을 방문한 그들에 대해 언급하고 있다.행15장 하지만 거기서 무슨 일이 일어났는지 정말로 알아내기 위해선 갈라디아서 1장과 2장을 함께 보아야 한다. 반드시 기억해야 할 것은, 이 우중충한 바리새인들이 안디옥에 왔을 때 베드로도 이미 거기 와 있었다는 사실이다.

사도행전 15장 첫 구절을 갈라디아서 2:11과 같이 놓고 읽으면 안디옥에 방문한 자들에 대한 전체적인 이야기를 당신도 알게 된다.

역사를 공부해본 사람들은 누구나 설명하기 쉽지 않은 한 가지 문제와 부딪힌다. 그 문제란, 저자는 특별한 해에 일어났던 한 사건을 설명하고 있는데, 그 사건이 발생한 지 수 년이나 지난 뒤에 그 것을 기록하고 있다는 사실이다. 지금 우리도 똑같은 상황을 여기서 마주하고 있다. 누가는 사도행전 15장을 기록하기 이전에 이미 갈라디아서를 읽었다는 말이다.

누가는 50년에 일어난 사건에 대해 우리에게 증언하고 있지만,[행15:1] 그가 이 사건을 기록한 것은 대략 63년이다! 그러니 한 무리의 바리새인들이 안디옥을 방문했던 50년의 사건을 누가가 기록할 때, 그는 이미 13년이 지난 사건을 우리에게 말하고 있다는 사실을 당신은 꼭 염두에 두고 읽어야 한다.

> ## 기억하라:
> 누가는 사도행전 15장을 쓰기 오래 전,
> 이미 갈라디아서를 읽었다!

우리가 갈라디아서 1장과 2장을 읽을 때 역시 마찬가지다. 우리가 읽는 그 갈라디아서를 누가도 수년전에 이미 읽고 나서 사도행전을 기록했다는 사실을 기억하라. 결과적으로 누가는 바울/베드로/바리새인들에 대한 이야기를 사도행전에서 추가로 기록할 필요를 느끼지 못했다는 말이다.

사도행전 15장을 펼쳐놓은 상태에서 갈라디아서 1장과 2장을 비교해 읽음으로 우리는 비로소, 그 예루살렘의 방문객들이 안디옥에 당도했을 때 이미 안디옥에 내려와 있던 베드로와 그들 사이에 벌어졌던 전체 이야기를 그려낼 수 있다.

책망 받는 베드로(갈2:11-21, 행15장)

베드로는 안디옥 형제자매들의 유쾌한 환영을 받았다. 많은 치유가 그 곳에서 일어났으리라 확신할 수 있다. 이방인들과 함께 지내는 동안 베드로는 그들과 함께 먹고 얼싸안으며 교제했고 "이방인들과 같은 방식"으로 행동했다.

그런데 굳은 표정의 율법주의자들이 들이닥쳤다. 그들은 유대인과 이방인이 함께 어울려 먹고, 서로 보듬고 교제하는 것을 보고 경악했다.

시몬 베드로를 위해 준비된 작별연회에서 발생했던 사건은 거의 극적으로 일어났다.

베드로가 홀에 들어왔다. 그 뒤 율법주의자들이 따라 들어왔다. 그들은 안디옥 교회의 이방인들이 구원받기 위해선 할례를 받아야 한다고 줄곧 주장해왔다 방안에 긴장감이 감돌았다. 유대교 규칙에 입각한 정결한 음식이 유대인 요리사의 손에 의해 유대인 방문객들의 자리에만 놓이는 것을 베드로는 한쪽에 서서 조용히 바라보고 있었다. 순간 베드로가 흔들렸다. 그는 유대인 율법주의자들과 함께 앉았다. 바나바도 홀에 들어왔다. 그도 흔들렸다. 그 다음에 바울이 걸어 들어왔다. 50년의 사건은 이 상황에서 일어났던 것이다! 갈라디아서 2장의 내용은 이 상황을 언급하고 있다.

내가 맘속으로 그려보는 당시상황은 이렇다.

베드로에게서 약간 멀리 떨어져 있던 바울이 큰 소리로 베드로를 꾸짖기 시작했다.갈2장 그리고 이것은 이후 수 년 동안 회자될 이야깃거리가 되었다. 일반 사도가 수제자인 베드로를 책망한 것도 그렇거니와 그에 대한 사죄도 없었다는 것이 골자다!

바울의 분노가 터져 나오기 시작했다. 그는 베드로 쪽으로 걸어 나오며 말했다. "당신들은 어째서, 우리 자신도 못 지키는 율법 아래 이방인 신자들을 복종시키려 하십니까?" 예루살렘에서 내려온 유대 율법주의자들은 굴욕감에 치를 떨었다. 안디옥 형제자매들도 똑같이 굳어있었다. 베드로가 공개적으로 책망을 받은 것이다! 나는 이 본문을 읽을 때마다, 이방인들과 같은 자리에 털썩 주저앉으며 천둥 같은 목소리로 소리치는 바울의 모습이 연상된다. "누가 여기 돼지고기 좀 갖다 주시오!"

그것으로 베드로를 위한 송별 연회가 끝났을 거란 사실은 분명하다. 베드로가 어떤 심정으로 예루살렘으로 돌아갔을지 우리로선 알 길이 없다. 그것은 속단할 수 없는 주제이다.

놀라운 반전

거기 안디옥에 내려와 있던 율법주의자들 가운데 해괴한 반전을 꾀한 사람들이 있었다. 그들은 예루살렘으로 복귀하지 않고 갈라디아에 세워진 네 곳의 교회들을 둘러보기로 결정했다. 바울은 이 사실을 전혀 모르고 있었다. 베드로 역시 그랬다. 그 가시가 정말 갈라디아에 갔을까? 짐작컨대 충분히 그랬으리라 본다.

안디옥 교회에 계시가 임하다

안디옥교회는 딜레마에 빠졌다. 그때 안디옥교회에 계시를 받은 사람이 있었다고 바울은 우리에게 말해준다.갈2:2 그 계시란, "예루살렘 교회에서 왔던 이들로부터 문제가 시작됐으니 그 해답도 예루살렘에서 얻어야 한다.”는 계시였을 것이다.

그 사이, 한 무리의 바리새인들(바울이 베드로를 책망하는 것을 목격했던!)은 갈라디아 길로 행하고 있었다. 그리고 바울, 바나바, 디도는, “구원받기 위해서 할례가 꼭 필요한가?”라는 문제로 베드로와 다른 많은 형제들을 직면하기 위해 예루살렘으로 올라갔다. 우리는 당시 디도의 나이를 25살로 추정한다.

왜 하필 디도였을까? 우리는 모른다. 그가 교회에서 깊은 존경을 받고 있어서였을까, 아니면 무 할례자임을 금방 알아볼 수 있을 만큼 두드러진 헬라인 외모 때문이었을까?

갈라디아의 네 이방인 교회를 파괴하려는 음모

바울이 말한 가시가 무엇인지
우리가 실제로 본적이 있는가?

대략 6명의 율법주의자들이 갈라디아에 들어갔다고 가정해보자. 그들의 목적은, 갈라디아 신자들이 할례를 받게 하는 것, 그리고 바울의 명성에 상처를 내는 것, 궁극적으로 어떤 수단을 동원해서라도 그 네 교회를 무너뜨리는 것이었다. 갈라디아에 도착하기까지는 긴 여정이었다. 그곳에 도착했을 때 무슨 말을 어떻게 할지에 대해 그들이 음모를 꾸밀 시간은 충분했다. 여정 중에 그들은 바울을 대적할 협의를 면밀히 준비했다. 그들은 이 이방인 교회들이 자신들을 환영할 것이란 사실까지 잘 알고 있었다. 야고보에게 받은 편지가 그들의 권위를 더 한층 보증할 것이었다.

꼭 기억하라. 이 골수 유대주의자들은, 지금 바울 일행이 예루살렘의 사도들을 직면하러 올라가고 있다는 사실을 전혀 모르고 있었다. 그리고 바울이 예루살렘 교회에 이미 두 번이나 찾아갔던 경험이 있다는 사실도 모르고 있었다.

> "내가 예루살렘교회에 얼굴로 알려지진 않았지만 두 차례나 거기
> 에 갔던 적이 있습니다."

그는 베드로와 야고보, 그리고 요한사도를 이미 대면한 적이 있었다.

이 어둔 표정의 유대인들은 가장 가까운 더베교회에 도착하여, 바울이 사람만 기쁘게 하는 자일뿐 아니라 비열한 사람이라고 깎아내렸다.

대체 무슨 근거로 이들은 바울에게 이런 혐의를 씌웠을까?

1. 바울은 칼할례에 대해 이방인들에게 말하지 않았다. 그것이 주는 고통과 아픔을 그가 두려워하기 때문이다!
2. 바울은 예루살렘교회에 가본적도 없고 열두 사도를 만나본적도 없다. 그러므로 그는 자칭 사도, 곧 거짓사도이다.
3. 바울은 37년도에 교회를 핍박했던 인물이다. 그리고 그 행위에 대해 결코 회개했다는 확신을 주지 못한 사람이다.
4. 바울은 교회들의 어머니인 예루살렘교회나 그곳의 장로들로부터 승인을 받지 못했다.
5. 바울은 교양도 없는 사람이고, 잘못된 복음을 퍼뜨리고 다닌다.

그들이 말한 결론은 이것이다.

> "당신들은 바울에게 거짓복음을 받고 속았다. 그래서 당신들은

구원받지 못한 이방인들이다. 당신들이 구원받기 위해선 할례를 받아야 한다."

이들이 말한 것 중 가장 나쁜 것은, 거짓사도인 바울이 수제자인 베드로를 공개적으로 책망했다고 말하며 마치 두려운 듯한 표정을 연출했다는 사실이다.

베드로만 그 자리에 있었던 것이 아니고, 다른 유대 신자들도 함께 있었으니 바울의 책망의 대상은 거기 있던 모든 유대신자들이었다고 봐야 한다. 이 사실을 주목하라.

이 모든 것들은 꽤 성공적으로 갈라디아 성도들을 무너뜨렸다. 그러나 가이우스란 훌륭한 청년이 당시 더베교회에 있었다는 사실을 주목하라.

우리는 이 바리새인들이 더베에 도착했을 때 무슨 일이 있었는지 크게 궁금히 여길 필요가 없다. 가이우스는 이들이 바울의 평판에 데미지를 입히기 위해 헐뜯고 있음을 간파했다. 물론 주님의 백성들이 많은 눈물을 흘렸으리란 사실을 믿지 않을 까닭은 없다.

유대인들은 루스드라에도 갔다. 그리고 거기엔 스무 살의 청년, 디모데가 버티고 있었다. 이 낯선 방문객들의 말을 들으면서 율법과 은혜의 차이 정도는 명확히 판단할 만큼, 그의 어머니 유니게Eunice와 그의 외조모 로이스Lois는 디모데를 교육했을 것이다. 디모데는 이 사내들과 맞섰고 이고니온과 비시디아까지 그들의 뒤를 따라갔음이 분명하다. 책으로만 공부한 이 바리새인들은 디모데의 대담함에 분통을 터뜨렸을 것이다. 그럼에도 불구하고 그들은 신자들 가운데서 바울의 평판에 데미지를 입히는 데 큰 성공을 거두었다.

갈라디아의 네 교회들이 다시 바울을 신뢰할 수 있을까? 그들이 여전히 생존할 수 있을까? 바울이 떠날 당시 이제 갓 네 달 정도 된 불쌍한 더베 교회는 50년 봄, 이 율법주의자들의 방문을 받을 당시 16개월 밖에 안 된 어린 이방인 교회였다. 기억하라. 예루살렘이나 안디옥의 어느 누구도 이 파괴자들이 갈라디아에 있다는 사실을 모르고 있었다.

예루살렘 공의회

대 혼란이 갈라디아의 네 교회에서 피어오르고 있을 무렵에 바울과 바나바는 예루살렘 교회 신자들에게 갈라디아 교회 이야기를 들려주고 있었다. 신자들의 반응은 순전한 기쁨 바로 그것이었다. 이것은 예루살렘 교회 신자들이 바울을 면전에서 대한 첫 번째 만남이었다. 신자들은 바울과 바나바의 보고를 경이로움으로 받아들였다.

한 번 더 명심하라. 그 방안에 있던 누구도 몇 몇 바리새인들이 이방인 교회를 파괴하고 있었다는 사실을 알지 못했다. 기억해둬야 할 다른 한 가지는, 그 바리새인들이 "바울이 한 번도 예루살렘 교회에 가본 적이 없다"며 그의 평판을 끌어내릴 그 때에 바울이 바로 예루살렘에 머물고 있었다는 사실이다. 실제로 바울의 이번 예루살렘 방문은 세 번째 방문이었다.

예수님의 혈육인 야고보가 논쟁을 정리했다. 이제 한 편지가 안디옥으로 보내질 것이고 방안에 있던 모든 이들은 "구원받기 위해 할례가 필요치 않다."는 진술에 서명을 할 것이다. 그것은 역사상 가장 유명한 편지가 될 것이다. 서명난의 제일 아래쪽 어딘가에 작은 글씨로 된 디도의 서명도 있을 것이다.

예루살렘 교회의 결정을 증명 할 증인으로 유다가롯 유다가 아님와 실라를 대동하고 바울, 바나바, 그리고 디도는 그들을 따라나선 마가와 함께 안디옥 교회로 돌아왔다.

예루살렘 교회와 그곳의 장로들, 그리고 사도들로부터 안디옥으로 보내진 그 편지에 안디옥 장로들에 대한 언급이 없다는 사실을 눈여겨보라^{행15:23-30}

골수 유대주의자들은 이제 갈라디아를 떠나 예루살렘으로 복귀했다.

때는 50년 봄이었다.

마가가 예수 그리스도의 전기傳記문을 쓸 것에 대해 고려하기 시작한 것이 바로 이 때였다고 우리가 믿지 못할 이유가 없다. 예루살렘에서 안디옥으로 내려오는 여정 중, 마가와 디도는 서로의 이야기와 궁금증^{마가는 안디옥 교회가 궁금했을 것이고 디도는 예수 그리스도를 직접 목격한 마가의 경험이 궁금했을 것이다-역주}을 주고받았을 것이고 마가는 그때의 이야기를 기록으로 남길 생각을 했을지도 모른다. 그리고 5년 뒤 마가는 그 일을 정말 실행에 옮길 것이다.

두 교회개척자 사이의 분열

유다와 실라는 예루살렘으로 막 돌아갈 준비를 하고 있었다. 바울과 바나바는 갈라디아 네 교회에 유대주의자들이 방문했다는 사실을 여전히 모른 채 그 교회들을 다시 한 번 방문하기로 결정했다. 바나바는 구브로를 특히 방문하고 싶어 했고, 요한 마가도 다시 한 번 데려가길 원했다. 바울은 단호하게 그 제안을 거부했다! 두 사람은 심각한 불화를 겪게 되었다.

바울의 2차 교회개척 여정의 서막이 오르다

50년 늦은 봄 (사도행전 15:36)

바울은 여전히 그들의 여정에 마가가 동행할 수 없다는 주장을 굽히지 않았다. 그래서 바나바는 마가를 데리고 구브로로 갔다. 마가의 연령은 30년에 7살이었음을 감안할 때 당시 27살쯤 되었을 것이다. 하지만 예루살렘 교회에서 받은 편지를 쥐고 있었던 것은 바울이었다!

바로 이 때, 바울은 갈라디아로부터 소식을 들었다. 안디옥에 왔었던 유대주의자들이 갈라디아 교회에도 다녀갔다는 전갈이었다! 이 유대주의자들은 약 407km를 여행했다. 오직 할례 때문에 말이다! 바울은 또한 그 바리새인들이 자신을 대적했다는 것도 알게 되었다.

바울은 격노했다!

그는 펜을 움켜잡았고 갈라디아에 편지를 썼다. 당신은 갈라디아서의 처음 두 장에 진술된 각 구절들에 배어있는 바울의 분노를 발견할 수 있을 것이다. 흥미롭게도 바울은 그 바리새인들의 이름을 알지 못했다. 하지만 그들로 인해 교회가 경험한 상처가 얼마나 깊은지는 너무도 잘 알고 있었다.

갈라디아에 보내는 편지
갈라디아서

기독교 문서 중 최초로 기록된 성경

50년 늦은 봄

사도행전 15:40

독자들이여, 여기서 잠깐 멈추고, 사도행전 15장 40절에, 갈라디아의 네 교회에 보낸 편지가 기록된 시점이 그곳임을 표시해두라.

또 47년-50년이 갈라디아의 배경이 된다는 사실을 마음에 새기라.

그 4년간 일어난 사건들을 이해하라. 그러면 당신은 갈라디아서를 잘 이해하게 될 것이다.

갈라디아서를 읽으라!

여기서 멈춰 서서,
바울이 갈라디아 네 교회에 보낸 편지,
갈라디아서를 읽으라!

오늘날 복음주의 기독교에서 바울의 서신들은 온통 한 개인의 신앙생활에 적용되는 말씀으로 받아들여진다. 그러나 이것은 이 서신들의 원래 취지를 완전히 벗어난 것임을 꼭 명심해 주기 바란다.

바울이 갈라디아서에서 말했던 모든 것은 한 몸을 이룬 공동체 신자들에게 주었던 말씀이었다. 갈라디아서는 그렇게 적용되어야 한다. 개인이 아닌 한 교회, 그것도 공동체로 살아가는 한 교회에 주어진 말씀이라는 의미이다.

갈라디아서는 그렇게 기록되었고 그렇게 적용되어야 한다.

갈라디아서와 관련해
기억해 둘 일들

갈라디아서는 지금까지 기록된 기독교 문서 중 가장 최초의 작품이다. 내용으로 보면 복음서가 먼저지만 그 기록된 순서로 보면 갈라디아서가 복음서보다 앞선다. 마가복음, 마태복음, 누가복음, 그리고 요한복음은 26-30년을 다루고 있지만 세 복음서는 대략 55, 58, 63년경에 기록되었고 요한복음은 대략 70년 또는 90년 경에 기록되었다. 갈라디아서 안에는 그리스도와 교회 그리고 초기 기독교 신앙을 이해하는데 도움이 될 만한 많은 것들이 들어있다. 한마디로 우리가 기독교 신앙 전체를 이해하는데 갈라디아서는 기초적인 자료가 된다.

오순절이 지난 지 20년이 지난 시점이다. 교회는 단 한 장의 신약성경도 없이 20년을 지냈다. 기원 후 50년이 되어서야 교회는 처음으로 이후 신약성경이 될 정확히 여섯 페이지의 문서를 받아들게 된다. 우리가 흔히 간과하게 되는 핵심이 여기 있다. 예수 그리스도의 교회가 처음부터 신약성경을 가지고 있지 않았다는 점이다! 첫 1세기에 그리스도인들은 절대로 27권으로 된 신약성경을 가지고 있지 않았다. 신약성경은 평균 2년에 한 권꼴로 기록되었다.

"하여간, 1세기가 넘어가기 전 그들이 신약성경을 가진 것은 사실 아닌가?"라는 질문이 있을 수 있지만 그것은 바른 질문이 아니다. 오히려 "언제 신약성경이 한 권의 책으로 묶여지게 되었나?"라는 질문이 바람직하다. 100년쯤? 200년쯤? 아니다. 250년까지도 "한 권으로 엮어진" 완전한 형태의 신약성경은 존재하지 않았다. 330년이 되어서야 27권이 한 권의 성경책으로 묶어졌다. 콘스탄티누스 황제303-336의 통치기간이 되어서야 27권으로 된 신약성경이 존재하게 된 것이다.

우리가 유념할 것은, 바울의 첫 번째 서신이 갈라디아서였다는 것이고, 그럼에도 신약성경의 목차엔 로마서가 바울 서신의 첫 번째 자리에 배치되어 있고 갈라디아서는 네 번째 자리에 배치되어 있다는 사실이다. 갈라디아서가 최초의 문서라면 신약성경에도 그렇게 배치되어야 한다!

현재의 성경 배열은 바뀌어야 한다. 그렇지 않으면 우리는 결코 신약성경을 이해할 수 없게 될 것이다.

갈라디아서라는 서신의 특별함

기독교 문서 중 최초의 작품은 바로 이방인들을 위한 것이었다.

이것은 우리가 초기 기독교 신앙을 들여다볼 최초의 창문이 되어준다.

이 편지에서 우리는 처음으로 은혜, 성령, 그리스도인의 자유, 율법에서의 해방, 그리고 모세의 율법이 우리 이방인들의 신앙생활에서 차지하는 역할 등을 소개받게 된다. 하지만 이 모든 것보다 도대체 "교회"가 무엇인가에 대한 관점을 우리는 여기서 얻을 수 있다.

갈라디아서에 푹 빠져보라. 그러면 바울의 인생에 있어서 교회가 중심이었고, 초대교회 사도들에게도 교회가 중심이었으며 안디옥과 갈라디아의 신자들에게도 역시 그러했다는 사실을 알게 될 것이다. 교회는 곧 공동체였다. 갈라디아 네 교회들 사이에는 상호교류가 있었다. 각 교회의 성도들은 서로 보조를 맞추었고 서로서로 격려했으며 상호 왕래하며 서로가 서로의 목회자가 되어주었다.

다른 무엇보다도, 독자들이여! 이것을 주목하기 바란다. 이 편지가 한 교회에게, 한 교회를 위해, 그 교회에 적용되는 말씀으로 주어졌으며, 한 교회 개척자에 의해 기록되었다는 사실이다. 갈라디아 교회에 장로들이 있었다. 하지만 그들 중의 단 한 사람도 편지 속에 언급되지 않는다! 우리는 이후에 세워질 다른 많은 이방인 교회들에 장로가 없었다는 사실을 발견하게 될 것이다. 갈라디아서에서 장로에 대해 언급하는 부분을 찾아보려 당신이 애를 써도 헛된 노력이 될 것이다!

오늘날 우리들이 가지고 있는 기독교적인 삶의 중점은 개인의 경건생활에 있다. 그러나 대부분의 초기 기독교문서에서 발견하는 기독교적인 삶은 교회에 중점을 두고 있었다.이 말은 교회에 나가 더 열심히 청소하고 전도하고 봉사해야 된다는 말이 절대 아니다. 유기적인 한 몸으로서의 신앙공동체 생활이 기독교적인 삶의 중심임을 말하고 있다-역주 그들이 이해하는 기독교적인 삶은 한 몸으로서 살아가는 삶에 의해서만 가능한 것이었다. 끔찍한 위기상황에서도 갈라디아의 네 교회들은 그것을 견디어냈고 바로 그러한 전체 하나님의 백성에게 보내진 서신이 바로 갈라디아서였다. 거기엔 단 한 차례도 장로들에 대한 언급이 없다.갈1:2 이하

개인적인 그리스도인의 삶이 가능하지 않다는 것은 너무나 분명한 사실이다. 율법을 지키려 애쓰는 사람들이 결국 그 율법의 요구를 다 채울 수 없음에 좌절하는 것처럼, 우리 역시 너무 연약한 나머지 우리 자신의 힘으로는 도무지 기독교적인 삶을 살 수 없어 좌절할 수밖에 없는 사람들이다. 당신과 나는 훌륭한 그리스도인이 될 수 없다. 기독교적인 삶이란, 독립적으로 살아질 수 있는 그런 부류의 삶이 아니다. 그것은 다만 모임 안에서 ⋯ 형제자매의 상호의존 가운데서만 살아질 수 있는 특별한 삶인 것이다.

디도가 갈라디아서를 전달했을까?

여기 하나의 미스터리가 있다. 갈라디아서에서 디도가 언급되고 있다. 디도가 갈라디아에 간 적이 없다면 갈라디아 신자들이 어떻게 디도의 이름을 알고 있었을까? 바울이 쓴 편지는 그가 갈라디아를 재방문하기에 앞서 교회에 전달되었다. 이것은 이 편지를 교회에 전달한 사람이 디도였음을 의미하는 것이 아닐까?

바울은 갈라디아서를 다 쓰고 나서, 자신이 갈라디아 신자들에게 신뢰를 받을지, 그들에 의해 거부될지조차 확신할 수 없었다. 그 정도로 바리새인들이 교회에 가한 상처는 심각했다. 어쩌면 바울에 대한 평판이 땅에 떨어졌을지도 모른다. 더베에 도착했을 때 더베교회 신자들에게 바울은 거절당할 수도 있었다. 그래서 그들이 목격하지도 못한 예루살렘편지를 언급하는 것은 아무 소용이 없었을 것이다. 바울은 자신이 직접 편지를 들고 더베에 도착해 예루살렘에서 있었던 일을 설명하려고 그 편지를 최후의 보루로 남겨두었을 것이다.

바울은 갈라디아에 보낸 편지에 그가 예루살렘에서 가지고 온 서신에 대해서는 언급하지 않았다. 그는 자신이 갈라디아 교회를 직접 방문했을 때, 여전히 의심의 눈초리를 거두지 않는 사람들이 있다면 그 면전에서 편지를 꺼내놓을 것이다. 하지만 자신이 직접 교회를 방문하기에 앞서 누군가를 먼저 보냈다. 이 사람은 예루살렘에서 바울과 함께 사도들을 만난 사람이었을 것이다. 이 사람의 이름이 갈라디아서 안에 "디도"라는 이름으로 등장하는 것이 아닐까!

결국 두 개의 편지가 존재하는 셈이다. 바울이 쓴 편지는 그에 앞서 갈라디아에 보내졌다. 다른 하나는 바울 자신이 직접 가지고 있다. 바로 예루살렘 교회로부터 받은 영광스러운 편지이다.

디도가 더베교회에 도착한 것은 50년 가을이었다. 안디옥에서 더베까지는 대략 407km이다 디도는 예루살렘에서 일어났던 일을 신자들에게 설명했다. 그리고 바울이 열두 사도들에 의해 전적으로 지지를 받았다는 사실과, 바울과 실라가 예루살렘에서 받은 편지를 가지고 며칠 내로 곧 도착할 것이라는 것도 말했다. 그리고 그 편지의 사인도! 디도가 말을 마칠 즈음 더베교회는 이미 바울을 다시 받아들이고 있었다.

우리는 이제 바울의 두 번째 교회개척 여정을 눈앞에 두고 있다. 이 당시 유대인들의 로마 거주가 원천적으로 봉쇄되고 있었다는 사실을 기억하고 있으라. 또한 그리스 도시 내에서도 유대인이 전혀 거주하지 않는 도시들이 존재했다. 이제 우리가 살펴보려는 여정과 관련이 있다.

데살로니가 전서에 대한 배경이
여기서 시작된다.

사도행전 15장 40절-18장 1절

50-51년

1. 바울로 하여금 이 편지를 쓰도록 이끌었던 몇 가지 사건들을 누가가 우리에게 말해준다. 이미 오래전 누가가 데살로니가 전서를 읽은 다음 사도행전을 썼다는 사실을 기억하라. 그래서 그는 이 편지를 둘러싼 여러 사건들을 우리가 이해하도록 돕고 있는 것이다.

2. 편지를 기록한 사람의 입장이 아닌 수신자의 입장에서inverting 또는 편지를 받고 그에 반응을 해야 하는 입장에서mirroring 데살로니가 전서를 읽으라. 이렇게 함으로써 우리는 대화의 다른 한 측을 알게 될 것이고 편지를 기록하기 전 바울에게 발생한 일들을 이해하게 될 것이다.

데살로니가전서에 대한 카운트다운이 시작된다. 이제 1년–1년 반 안에 바울은 신약성경의 두 번째 책을 쓰게 될 것이다. 당신이 가지고 있는 성경의 목차를 보면 데살로니가전서가 바울 서신의 여덟 번째 자리에 있을 것이다. 기록될 당시 데살로니가 전서는 바울의 두 번째 서신이었다!!

원리

그 1년–1년 반 사이의 일들을 이해하라. 그러면 당신은 바울의 두 번째 서신을 이해하게 될 것이다. 왜 그런 방식으로 데살로니가전서를 이해해야 하는가? 그 1년–1년 반 사이에 일어난 일들이 바울로 하여금 그의 두 번째 서신을 쓰게 만든 동인動因으로 작용하기 때문이다. 그리스 지역 빌립보와 데살로니가에 교회를 세우고 있을 시점에 바울은 데살로니가에 편지를 쓰게 된다.

50년

사도행전 16–17장

바울과 실라는 안디옥을 출발해 육로로 더베교회에 먼저 도착했고 차례로 다음 세 교회를 방문했다. 당시 바울은 14개월 동안 그 교회들을 떠나 있었다.

50년 여름, 갈라디아 네 교회들의 나이

비시디아 안디옥 ································ 2년 8개월

이고니온 ······································ 2년 4개월

루스드라 ······································ 2년 1개월

더베 ·· 1년 5개월

이 네 교회들이 얼마나 어린지를 주목하라. 그럼에도 바울은 각각의 교회를 방문하는데 단 몇 주 동안을 할애했을 뿐이다.

루스드라교회에 들러 디모데를 데려갈 때 바울과 실라는 그들 자신도 모르는 곳을 향해 출발했다.50년 여름 바울은 어디로 갈지도 정하지 못했다.

디모데라는 한 젊은이의 이름이 처음 언급되는 곳이 바로 이 대목이다. 바울은 이보다 2년 앞서 이 곳 루스드라에 들어와, 복음을 전하고, 한 교회를 세웠다. 그 때 처음으로 바울은 이 디모데라는 이름을 가진 18살[1]의

---

1) 원문에는 '20살'로 표기되어 있다-역주.

혼혈아를 만났다. 그의 어머니는 유니게이고 외조모의 이름은 로이스였다. 유대주의자들에 담대히 맞선 이 젊은이에게 깊은 인상을 받게 된 바울은 두 번째 교회개척 여정에 그를 초대한 것이다.

이미 바울의 길을 따르고 있는 또 한 명의 젊은이가 있었다. 바로 안디옥 교회에서 주목받는 청년 디도였다. 이때부터 바울이 언젠가 그를 대신할 몇 명의 젊은이를 훈련시킬 계획을 세우기 시작했다면 섣부른 가정일까? 만약 그것이 사실이라면, 이미 세 사람의 후보자를 바울은 염두에 두고 있었을 것이다. 바로 디모데, 디도, 가이우스이다. 이 명단에 더해질 세 명 이상의 젊은이들이 두 번째 여정에서 드러날 것이다.

두 번째 교회개척 여정의 방향을 찾다

성령께서 동쪽 비두니아Bithynia로 가려는 바울의 계획을 막으셨다. 바울은 드로아로 갔다. 드로아에서, 바울은 환상을 보게 된다. 환상의 내용은 한 남자가 "유럽북 그리스쪽으로 건너와 우리를 도와 달라"는 것이었다.행 16:9-11

우리는 환상속의 남자가 사실은 여인루디아!이었다는 주장을 충분히 제기할 수 있다. 바울에게 알리지도 않은 채, 하나님께서는 채찍과 감옥으로, 그리고 빌립보 건너 두 도시 시민들의 증오를 뒤집어쓰는 길로 바울을 초대하고 계셨다.

빌립보라는 도시가 사방 로마로 통하는 길목에 서 있다는 것과 그리스령에 속해 있으면서도 로마의 직할도시라는 사실을 바울은 알고 있었을까?

독특한 도시, 빌립보

B.C. 44년 3월 15일, 율리우스 카이사르Julius Caesar는 브루투스Brutus와

카시우스Cassius에 의해 암살당했다. 그들의 군대는 빌립보 근방에서 옥타비아누스와 안토니우스의 군대와 맞닥뜨렸다. 어느 쪽이 빌립보를 차지하던지 그것은 양쪽에 결정적이었다. 빌립보는 옥타비아누스와 안토니우스에게 돌아갔다. 카시우스와 브루투스는 패배했다. 안토니는 빌립보를 로마지방으로 예속시켜 버렸다.

그때 이후로 빌립보 사람들은 열광적인 황제의 추종세력이 되었다. 그들은 그리스어가 아닌 라틴어를 도시 공용어로 삼았다. 빌립보는 그리스 한복판에 있는 이탈리아 언어권의 도시가 되었다! 나아가 빌립보인들은 자신들의 도시를 스스로 로마의 15번째 행정 시로 여겼다. 로마는 14개의 지방으로 구성되어 있었다. 빌립보인들의 사고방식은 이탈리아에 사는 이들과 동일했다. 그들은 로마 화폐를 사용했으며 로마 양식의 건물을 지었고 로마풍의 옷을 입었다.

아, 그런데 유감스럽게도 바로 이 빌립보에 한 유대인이, 아니 정확히 말하면 두 사람의 유대인이 이제 곧 들어갈 것이란 사실을 잊지 마시라.

바울은 50년 가을에 유럽/그리스에 도착했다.

이제 이방인 교회의 수가 막 5개로 늘어날 지점에 와 있다. 하지만 난데없는 감옥이 그 두 사람을 기다리고 있었다. 물론 소득이 없진 않았지만….

바울이 빌립보에 들어가다

바울은 항구도시 네압볼리Neapolis에 도착해 10km을 더 걸어 들어가 빌립보에 닿았다. 드로아에서 네압볼리는 240km정도 된다.

황제 클라우디우스가 로마에 있는 모든 유대인을 추방한다는 칙령을 내리자마자 빌립보인들은 유대인들을 내쫓고 회당 문을 닫아버렸다. 이제 빌립보에 남아있는 유대인들은 없었다. 다만 경건한 이방인들God-fearers 몇 사람이 남아있을 뿐이다. 경건한 이방인들이란 이방인이면서 유대교에 입교한 이들이었다. 한 도시에 회당이 없으면, 경건한 이방인들은 전통에 따라 강 주변에 서로 모였다. 빌립보에 남아있는 경건한 이방인들은 루디아 Lydia라 불리는 여인과 그녀의 친구들뿐이었다.

얼마 후, 바울과 실라는 체포되어 로마형의 채찍을 맞았다. 이것은 바울이 로마형벌로 받은 첫 번째 채찍이었다. 그들은 이유도 모른 채 얻어맞았고, 이런 행위는 로마시민권을 가진 바울과 실라에게 위법이었다.

도시안의 유일한 유대인인 두 사람은 차가운 돌바닥에 내쳐졌고 그럼에도 노래를 불렀다. 그 도시의 유력한 이들과 극적으로 만난 후에야 바울과 실라는 사과를 받아냈고 그 도시에서 나가줄 것을 종용받았다.

바울은 51년 1월, 빌립보를 나섰다. 바울이 지금까지 한 도시나 교회에 머물렀던 기간 중 가장 짧은 시간이었다. 대략 세 달.

누가의 진술과 관련한 궁금증

사도행전에서 이 부분과 관련해 진술해 나가던 누가는 갑작스럽게 "우리"라고 말하기 시작한다. 여기서 우리는 누구를 말하는 것일까? "우리"란 누가 자신을 말하는 것이었을까? 아니면 누가와 그리고 디도를 말하는 것이었을까? 누가가 그때 막 빌립보에 도착했던 것일까? 아니면 디도가 빌립보에 도착했던 것일까? 디도는 아예 처음부터 이 두 번째 여정에 함께 했던 것일까? 만약 그렇다면 바울은 빌립보에 들어가기 전에 디도를 드로아에 남겨두었던 것일까? 디도가 빌립보에서 바울과 함께 있었을까? 누가는 언제쯤 도착했을까? 그리고 왜 왔던 것일까? 또 어디에 머물다 왔던 것일까?

그 대답을 우리는 알 수가 없다! 어쩌면 영원히 모르게 될 것이다.

하지만 이것은 분명하다. 바울은 빌립보를 떠나면서, 누가에게 빌립보에 남아 막 태어난 빌립보 교회를 섬겨달라고 부탁했다. 그리고 바울과 실라, 디모데는 데살로니가로 갔다.

- 바울은 50년 10월에 빌립보에 들어갔다.
- 그는 51년 1월 작별을 고했다.
- 바울이 빌립보에서 보낸 시간 - 약 3개월^{행16:12-40을 보라}

이스라엘에선 무슨 일이?

이스라엘의 총독은 쿠마누스였다.⁴⁸⁻⁵² 대제사장은 아나니아였다.⁴⁸⁻⁵⁹ 년, Nedebaeus의 아들 클라우디우스가 황제로 있었고⁴¹⁻⁵⁴ 그는 새로 결혼한 상태였다. 네로^{Nero}는 12살이었다. 세네카와 브루스^{Seneca/Burrus}가 그의 교사와 보호자로 있었다.

클라우디우스 황제는 새로 맞이한 아내 아그리피나에게 아우구스타^{Augusta}라는 칭호를 수여했다. 그것은 아우구스투스의 여성 형 칭호였다. 그는 황후가 되는 것을 꿈꾸고 있었다. 클라우디우스는 네로를 입양^{네로는 아그리피나가 데리고 들어온 아들이다-역주}했는데 그렇게 함으로서 법적으로나 혈통적으로나 후계자로 삼을 심산이었다.

어디에 살고 있든, 모든 유대인들은 클라우디우스 황제의 유대인 추방령에 격분하고 있었다.

이런 상황 가운데서 바울의 다음 서신의 배경이 조성되고 있었다. 이제 데살로니가전서의 배경이 되는 50-51년도가 시작된다.

51년

사도행전 17장 1-20절

로마와 제국 내의 정황

마케도니아의 수도로 가는 도중에 바울은 13세의 네로가 "성년복"Toga Virilis을 받았다는 사실을 알았다. 성년복은 "사내다움을 나타내는 가운"이란 의미이다.고대 로마에서 남자가 15세, 즉 성년이 되었을 때 입는 하얀 망토 같은 옷-역주 이것이 이후 황제가 될 네로에게 바울이 받은 첫 인상이었다.

이스라엘

51년, 총독 쿠마누스Ventidius Cumanus. 48-52는 결과적으로 자신을 파면에 이르게 할 지역적인 갈등에 휘말리게 되었다. 무장한 한 무리의 사마리아인들이 절기에 참여하러 예루살렘으로 향하던 갈릴리인들의 행렬을 공격했다. 이 사건으로 많은 사람들이 죽게 되자 유대인들은 총독 쿠마누스에게 탄원했다. 하지만 쿠마누스가 거절했다. 분개한 갈릴리 유대인들은 복수를 꾀하기 우해 엘리아잘 벤 디나이Eleazar ben Dinai라는 산적무리를 고용했다. 고용된 산적들은 사마리아인들을 공격하여 수많은 주민들을 죽이고 마을들을 불살랐다. 급기야 쿠마누스는 그의 군대를 사마리아로 보냈다. 로마 군대뿐만 아니라 사마리아 사람들도 많은 유대인들을 체포하여 죽였다. 사마리아인들과 로마 군인들은 예루살렘까지 진입하려 하였다. 결국 군인들은 물러났지만 로마는 이 사건을 반역죄로 여겼다. 유대인들이 그들의 복수를 위해 직접 사람들을 모았으니 그것은 결국 로마의 권위를 거부한 것이나 마찬가지였던 것이다.

이 때 한 번 더 무력충돌로 치닫는 한 나라의 모습이 우리 눈에 잡힌다. 시리아는 북쪽에서 호시탐탐 이스라엘을 지켜보고 있었다. 사마리아와 유대인들 사이의 갈등은 시리아의 수도안디옥에 포착되었고 그들은 이 사건에서 유대인들에게 우호적이었다. 그 때 대제사장은 그들의 사건을 탄원하기 위해 로마에 갔고 우리가 알다시피 쿠마누스는 파면되었다. 이 모든 사건들이 바울의 데살로니가 여정 중에 벌어졌다. 바울도 이 상황을 알고 있었을까? 그렇다고 봐야 할 것이다. 여정중인 마을과 시의 저잣거리에서 바울은 이 모든 소식들을 들을 수 있었다.

빌립보를 떠난 바울은 데살로니가를 향해 정 남향으로 움직였다. 데살로니가는 북 그리스곧 마케도니아의 수도였다. 당시 데살로니가의 인구는 대략 1만 2천 명 정도 되었다. 51년 1월에 바울은 데살로니가에 당도했다. 빌립보에서 데살로니가까지는 158km이다.

바울은 데살로니가에 교회를 심었다. 그리고 그 다음 행선지에서 데살로니가교회에 두 편지를 썼다.

우리는 곧 기록될 그의 편지들을 통해 데살로니가 교회에 대해 알게 될 것이다. 이 교회는 좀 독특한 점을 가지고 있는 교회였다.

데살로니가 교회의 신자들

데살로니가 시에 교회가 세워질 때, 격렬히 반대하는 자들이 많았다. 왜 그랬을까? 데살로니가는 "자유도시"였다. 지역관리들은 로마의 간섭 없이 직무를 맡고 있었다. 그러나 로마에 충성하지 않으려는 어떤 낌새라도 보이면 그 모든 특권들이 날아갈 것이었다.

바울이 39대의 채찍을 맞게 된 곳이 바로 여기였다. 히브리인들이 회당 안에서 히브리인들을 때릴 경우에 로마는 누구의 허락 없이도 그렇게 하도록 용인했다.

이런 조치에 대해 데살로니가 신자들은 어떻게 반응했을까?

그들은 오히려 핍박받는 것을 사모하고 있었던 것처럼 보인다! 바울과 실라는 예루살렘교회 신자들과 그 교회가 겪었던 핍박에 대해 데살로니가 신자들에게 말해주었던 것 같다. 그는 또한 자신이 루스드라에서 돌에 맞았던 일과 빌립보에서 로마인의 채찍을 맞았던 것도 말해주었다. 뿐만 아니라 한 때는 그 자신이 교회를 핍박했던 사실도 고백했고 이 후, 다메섹과 구브로에서 채찍질 당한 사실도 말해주었다. 데살로니가 교회는 엄청난 기쁨과 열정을 가진 교회였다. 바울은 그들의 믿음 뒤에 핍박과 고통이 따르게 될 것을 말해주었다. 그때 그들의 반응은 즐거움이었다. 그들은 빨리 그 고난의 과정을 경험하고 싶어 했다.

우리가 알다시피, 데살로니가 시는 곧 바로 그 핍박의 상황을 맞게 되었다. 곧 그 지방 정부와 그 도시의 주류들과 회당의 유대인 지도자들에게 그들은 미움 받는 사회적 비주류가 되었다. 회당의 지도자들이 핍박의 선두에 섰다. 이 사람들은 곧 바울의 뒤를 따라 베뢰아까지 갔다. 바울이 가는 도시마다 그의 뒤를 따르는 그 가시의 방해가 시작된 것일까?

확실한 사실은, 이 후 이방인 교회를 세워나갈 두 명의 젊은이가 바로 이 데살로니가 교회에서 회심했다는 사실이다.

아리스다고와 세군도를 만나다

51년 초, 두 명의 젊은이가 그리스도께로 돌아왔다. 이 두 젊은이는 후에 주님의 교회를 세워나가는 이방인 사역자들이 될 것이다. 그들의 이름은 아리스다고Aristarchus와 세군도Secundus였다. 아리스다고는 지금 진행되는 이야기의 중반부에 등장할 것이다. 51년도, 이들의 나이는 스물다섯이었다. 아리스다고는 당시 죽음을 13년 앞두고 있었다.

어느 날 밤, 바울은 황제에 대해 말하기 시작했다.티베리우스, 칼리굴라, 클라우디우스 … 이 모든 황제를 통전하는 황제 직職 자체에 대하여! 바울은 황제라는 말에서 풍겨 나오는 그 개념 자체를 좋아하지 않는 듯 했다.

데살로니가에서의 어느 수상한 밤

데살로니가에서 보내는 5개월 동안 바울은 때때로 클라우디우스에 대해 말하기 시작했다. 클라우디우스는 49년에 유대인들을 추방했다. 많은 유대인들이 그리스로 탈출했다. 클라우디우스는 최근에 또 그의 아내를 처형하고 자신의 조카와 결혼했다. 그가 무슨 짓을 하던지 자신을 제지할 법이 없었기 때문에 황제는 이 모든 만행을 저지를 수 있었다! 그래서 황제는 법을 벗어난 사람, 즉 "법 없는 인간"이었다. 법 없는 인간, 즉 법 없이 사는 죄인이 곧 황제였다. 바울은 클라우디우스를 유대인들이 기다리는 메시아에 대적하는 인간, 즉 적그리스도로 여겼다.

오늘날 기독교에선 "죄인"이라는 말을 일상적으로 사용하지만, 1세기에 죄인이라는 개념은 법에 저촉되지도 않고 즉 "법 없이" 무소불위한 만행을 저지르는 황제를 "주로" 일컫는 말이었다고 저자는 주장하는 것이다. 우리는, 믿음과 교리를 달리하는 상대자나 특정 세력, 심지어 한 교회 안에서도 의견을 달리하는 상대를 공격하기 위해 적그리스도라는 말을 사용하지만 1세기에 적그리스도란 개념은 "주로" 로마 황제를 일컫는 용어였음을 저자는 상기시키고

있다-역주

누가 죄인인가?

1800년대, 성경학자들은 야단법석을 떨며 죄인, 무법한 인간, 적그리스도란 용어들을 사용했다. 실제로 오늘 우리들은 1세기에 살았던 한 인간-황제-를 언급할 때 그런 용어들을 사용하기 보다는 거의 모든 사람을 죄인, 무법한 인간으로 지목하는 것 같다.이것은 작가인 나의 주관적인 의견임을 확실하게 밝혀둔다 바울이 이 용어를 사용할 때, 그는 단순히 클라우디우스를 언급하고자 했을 것이다.티베리우스, 칼리굴라, 클라우디우스, 그리고 이후엔 네로까지.

18세기 성경학자들이 이 죄인이라는 용어에서 그들의 교리를 이끌어낼 때, 그들은 1세기 로마제국에 대한 역사에 무지했고 이 용어가 일반 사람들보다는 로마황제라는 한 인격을 언급했던 당시 사람들의 이해에 대해서도 사실 무지한 상태였다. 이들의 가르침은 전체적인 맥락이나 당시의 역사적인 현장성이 결여되었다.물론 죄인이라는 개념은 구약성경에서부터 면면히 이어진 개념이지만, 적어도 교회가 태어났던 1세기 역사적 상황에서 죄인은 주로 무법한 황제를 지칭하는 말이었다-역주 그 뿐만 아니라 이 18세기 성경학자들의 가르침들은 지금 21세기의 우리들처럼, 신약성경을 그 기록된 순서대로 읽어야 할 당위성을 무시하였다. 그저 목차에 따라 정해진 대로 읽었고 우리 역시도 지금 그렇게 읽고 있다. 그로 인해 너무 많은 일들이 발생하고 있다. 맥락, 또는 전체 스토리를 붙잡아본 적이 없는 사람들은, 자신들이 필요로 하는 어떤 결론에 이르기 위해 여기에서 몇 구절, 저기에서 몇 구절 성경말씀을 끌어와 사용한다! 그것은 바울의 서신을 이리저리 뒤섞어놓은 다음 순서 없이 읽는 것과 똑같다. 다른 말로 하면 그들은 성경 전체를 뒤적거려 여러 구절들을 뽑아내고 뒤섞고 바느질함으로써 자신들이 찾고자 하는 독특한 가르침에 도달한다는 말이다. 그들이 도달하는 독특한 가르침이란 바로 이것이다. "우리가 가르치는 이것이야말로 성경이 말하는 것입니다!!"

고고학, 로마제국의 역사, 이스라엘의 역사, 그리고 다소의 바울이 경험했던 입장에서 볼 때 이런 독특한 가르침은, 바울이 나름의 이유를 가지고 황제를 언급하는 데 사용했던 그 용어들의 용례와 사뭇 다르다.

이전에 언급했던 티베리우스는 은밀한 비행을 위해 카프리 섬에 머물렀다. 그러나 티베리우스를 계승한 그 다음 황제들은 역대 가장 타락했던 황제 중에 속했다. 바리새인이며 유대인이었던 그리스도인 바울의 눈에 황제들의 삶은 혐오스러움 그 자체였다.

뒤집힌 세상

회당의 유대인들은 매우 격분했다. 그들은 데살로니가 시市의 유지들이 로마로부터 자유도시 신분을 계속 유지하기 위해 도시 내의 소란에 얼마나 민감한지를 잘 알고 이를 이용했다. 그들은 도시를 소란케 한다는 누명으로 신자들을 고소했다.

데살로니가의 유대인들은 신자들이 소란을 일으키고 있다는 암시를 주는 데 그치지 않고 바울과 실라를 천하만국에 소동을 일으켜 온 사람으로 고소했다.

바울을 천하만국에 소동을 일으켜온 사람으로 규정하는 이들의 진술은 대체 어디에 근거한 것일까?

바울은 이 유럽 땅에 처음 발을 디뎠다. 빌립보에 들어갔을 때도 바울에겐 첫 방문이었다. 누구도 바울을 알지 못했다. 어느 누구도!

데살로니가 시市에 들어온 것도 이제 기껏해야 5개월이었다. 그런데 데살로니가 회당 지도자들은 갑자기 "천하 만민을 어지럽게 하던 자들이 여기에도 왔다."고 사람들 앞에서 떠들어댔다.

이 터무니없는 진술은 어디에서 생겨난 것일까? 이 말이 흘러들어온 곳은 빌립보도 아니고 데살로니가도 아니었다. 바울이 안디옥에도 있었고 비시디아, 이고니온, 루스드라, 더베에도 있었다는 사실을 누군가 그들에게 일러준 것이다. 하지만 누가 과연 갈라디아에서 있었던 일을 데살로니가 유대인들에게 말해준 것일까? 갈라디아는 유럽과 그리스, 그리고 데살로니가에서 멀리 떨어진 곳이지 않은가!

예루살렘의 유대인들이 이제 이곳 그리스까지 바울을 추적한 것은 아닐까? 그 사람들이야말로 여기저기 소란을 피워온 사람들이었다.

데살로니가를 떠나다

새 신자들이 반역죄로 고소될 것을 두려워해 바울은 데살로니가 교회를 떠났다.

- 바울은 51년 1월에 데살로니가에 도착했다.
- 그는 51년 5월에 교회와 작별했다.
- 데살로니가에서 보낸 총 시간 – 5개월행17:1-9을 보라

베뢰아와 신사적인 베뢰아인들

바울은 산 하나를 넘어겨울이 다가오고 있었다 베뢰아로 향했다. 데살로니가에서 휴양도시 베뢰아까지는 약 73km이었다. 그는 51년 6월에 베뢰아에 당도했다. 데살로니가의 유대인 회당지도자들은 곧 베뢰아까지 뒤따라왔다. 그들이 도착하기 전에 바울은 엄청난 일들을 수행했다. 회당에서, 유대인 신자들은 토라가 있는 방에 머무는 것이 허용되었다. 매일 회당 지도자

들에 의해 토라가 낭독되었다. 전례 없는 일이었다! 이방인 신자들은 그 방에 없었다는 사실을 믿어도 좋다. 토라를 연구했던 것은 유대인들이었다.

나중에, 데살로니가 회당의 유대인 지도자들이 베뢰아에 도착해서 바울을 심하게 비난했고 그것으로 회당에서 두루마리를 읽는 것도 중단되었다.

바울이 가시를 품다

바울은 그의 가시를 "그것"으로 표현한 적이 없다. 그는 그의 삶에 파고든 가시를 "그 남자him"로 표현했다. 그 가시는 사람이었다! 그리고 그 사람이 맡은 일은 바울이 가는 곳이라면 어디든 쫓아가 바울과 바울의 인격과 바울이 세운 모든 교회를 파괴하는 것이었다.

데살로니가 유대인 지도자들에게 다메섹, 이스라엘, 안디옥, 그리고 갈라디아를 두루 거쳐 온 파란만장한 바울의 삶을 고지한 것도 이 사람이었다. 그 사람의 시각에서 볼 때 바울은 천하만국을 어지럽히며 다니는 사람이었다.

50년, 바울의 삶에 파고든 이 가시는, 바울이 죄인의 신분으로 죄수들을 압송하는 배에 올라 로마로 이송되던 61년까지 조금도 누그러지지 않을 터였다.

소바더

베뢰아에서 주님께 돌아온 사람들 중 하나는 소바더라 불리는 한 유대인 젊은이였다. 우리는 이 젊은이의 나이를 51년 당시 25살 정도로 추정한다. 소바더는 이후 바울에 의해 훈련받는 여덟 명의 이방인 사역자 중 한 사람이 될 것이다.

데살로니가 유대인들의 극성으로 베뢰아에서의 상황이 너무 안 좋게 되자 베뢰아의 형제자매들은 바울을 경호하여 도시 밖 가까운 배로 인도했다. 실라와 디모데는 베뢰아와 데살로니가에 그대로 남아있었다. 바울은 인류역사상 가장 큰 영향력을 가졌던 도시, 아테네로 갔다. 아테네는 오늘날까지도 여전히 서구문명의 요람으로 여겨진다.

이 당시, 데살로니가 신자들은 그들에게 찾아온 핍박을 즐거움으로 이겨내는 경이로운 시간을 보내고 있었다. 베뢰아의 모임은 순조롭게 진행되고 있었던 것 같다.

- 바울은 51년 6월에 베뢰아에 도착했다.
- 그는 51년 9월에 교회와 작별했다.
- 베뢰아에서 보낸 총 시간-4개월 행17:10-15을 보라

미래의 일꾼들

디도라는 청년에, 디모데와 가이우스가 더해졌고, 이제 아리스다고, 세군도, 소바더라는 이름의 청년들이 추가되었다. 우리는 이제 여섯 명의 젊은이들을 확보한 셈이다. 언젠가는 디도와 디모데, 그리고 가이우스를 훈련시킬 때가 오리란 것을 짐작하며 바울은 이미 그 때를 준비해오고 있었는지도 모른다. 한 가지는 분명하다: 그들을 훈련시켜라. 그러면 그들이 할 것이다!

아덴(아테네)과 고린도

바울은 51년 11월에 아테네에 도착해서 한 달 후 그곳을 떠났다. 바울이 아테네에 도착했을 때행17:16-34 실라와 디모데는 고난에 처한 베뢰아 교회

와 데살로니가 교회를 돌보고 있었다.

후에 세 사람은 아테네에서 잠깐 만났다. 그리고 바울은 그들이 다시 빌립보와 데살로니가에 단기간의 방문을 할 수 있도록 보내고 나서 자신은 고린도 시市로 향했다. 아테네에서 고린도까지는 약 88km이었다. 그는 51년 12월에 고린도에 도착했다.행18:1 바울이 고린도에 도착한 얼마 뒤 디모데와 실라는 빌립보 교회가 바울에 보낸 큰 선물을 가지고 왔다. 그것은 실로 큰 선물이었다. 11년이 지난 후에도 바울은 여전히 그들의 선물에 대해 고마움을 표시한다. 데살로니가 교회에 대한 보고를 듣고 나서 바울은 그 즉시 자리에 앉아 데살로니가 교회에 편지를 썼다. 바울은 여섯 달 동안 데살로니가 교회를 떠나 있었다.

데살로니가 전서는 51년 12월 고린도에서 기록되었다.행18:1

데살로니가 전서를 기록할 배경이 조성되었고 편지는 시작되었다. 바울이 편지를 다 쓰고 나면 누가 데살로니가로 그 편지를 가지고 갈까? 우리는 모른다. 편지엔 어떤 내용이 기록되었을까?

교회는 지역사회로부터 배척당하고 있었다. 누군가 죽은 사람도 있었다. 바울은 신자들에게 부활에 대해서는 말하지 못했다. 그래서 데살로니가인들은 신자들이 죽은 후에는 무슨 일이 일어나는지 바울에게 물어왔다.

자, 이제 중력의 법칙만큼이나 분명한 한 가지의 원리를 말하겠다. 바울이 하나의 편지를 보내고 나서 그 다음 편지를 쓰기까지 무슨 일이 일어났는지를 알고 있으라. 바로 그 일과 상황이 그 다음 편지를 쓰게 되는 동인이 되기 때문에 당신은 그 각각의 서신들을 잘 이해하게 될 것이다.

이제 잠시 중단하고
데살로니가전서를 읽으라

바울이 기록한 두 번째 문서

몇 몇 구절을 선택해 읽거나 신학적인 연구를 하듯 읽지 말고 그저 하나의 이야기를 뽑아내듯 읽으라. 다 읽고 나면, 당신이 여전히 바울과 함께 고린도에 머물고 있다는 사실을 기억하라. 바울은 곧 또 하나의 편지를 쓸 것이다. 바울이 이 편지를 쓴 장소를 당신의 사도행전에 표시해 놓으라^{행18장}

만약 당신이 50-51년 사이에 일어났던 일들을 기록해 두었다면 명확하게 그 서신들이 이해될 것이다.

52년

사도행전 18장

51년 11월, 바울은 그의 펜을 내려놓았다. 이제 때는 52년으로 접어들고 있었다. 바울이 고린도에 들어온 지는 여전히 얼마 안 된 시점이었다. 그 다음 6개월 동안 바울은 텐트업자로 부지런히 일하였다. 고린도는 로마에서 탈출한 사람들로 넘쳐나고 있었다.

고린도에 도착한지 얼마 안 있어 바울은 데살로니가전서를 썼다. 그리고 브리스길라와 아굴라 부부를 그곳에서 만났다. 아굴라는 최근에 로마를 탈출한 유대인이었다. 그 역시 텐트업자였다. 두 사람은 텐트를 제조하고 수선하는 가게를 열었다.

브리스길라는 색다른 부류의 여인이었다. 전승에 따르면 브리스길라가 황실가족이었다고 전해진다. 그녀가 만일 유대인이었다면 황실가족이 될 수는 없었을 것이다. 아굴라가 이방 황실여인과 사랑에 빠진 것일까? 우리는 알 수 없지만 그녀는 2세기 전승에서는 잘 알려진 인물이었고 후에 그녀가 살던 집의 정확한 위치 역시 잘 알려져 있다. 그 지역은 바로 아벤티누스 언덕Aventine Hill이었다. 한 가지 사실만큼은 분명하다. 브리스길라는 도전을 즐기는 대담한 여인이었다. 단지 복음과 교회를 위해서, 브리스길라와 아굴라 부부는 8년 동안 세 차례나 이사를 했다. 50년에는 로마에서 고린도로, 53년에는 고린도에서 에베소로, 그리고 58년에는 에베소에서 로마로! 우리는 여기서부터 이 사랑스럽고 귀한 그리스도인 숙녀와 여정을 함께하게 된다.

고린도에서

데살로니가 남쪽도시 고린도는 그리스어가 통용되어왔지만 라틴어를 제1의 언어로 바꾸라는 압력이 줄곧 있었다. 결국 고린도 운하위에 건설된 자갈길Diolkos 덕분에 에게 해와 아드리아 해가 연결됨으로써 고린도 시市는 다중언어 도시가 되었다. 노예들은 바다에서 작은 배들을 끌어올리기 위해 기중기를 사용하곤 했다. 그렇게 들어 올린 배를 나무로 만든 평대마차에 올려놓으면 짐승이나 노예들이 바퀴가 움직일 수 있도록 깊은 홈이 파인 트랙의 돌길로 그 배를 끌어가곤 했다. 6.4km에 걸친 긴 수고를 마치고 나면 그 배와 화물은 또 다른 바다에 내려졌고 마침내 선원들은 펠로폰네소스 반도의 길고 위험한 노동에서 잠시 벗어나 쉼을 얻곤 했다. 이 레일 시스템은 A.D. 883년까지 사용되었다.

바울의 세 번째 편지,
그 배경이 여기서 시작되다

데살로니가 후서

52년 5월

사도행전 18장 1-5절

원리원칙:

바울이 하나의 서신을 작성한 후 펜을 내려놓으면 그 다음 편지의 배경이 시작되는 셈이다. 고린도에서 네 달을 보낸 후에 바울은 또 하나의 서신을 쓰기위해 자리에 앉았다. 바울로 하여금 데살로니가 후서를 쓸 수밖에 없도록 이끈 사건들이 그 네 달 동안에 일어났다. 그 일들을 이해하라, 그러면 데살로니가 후서를 잘 이해하게 될 것이다.

다음 두 가지 일을 수행하면 된다.

1. 사도행전 15장 40절-18장 6절을 읽으라. 그리고
2. 끼어들기,_{바울과 데살로니가 신자들 사이에 끼어들기-역주} 거울요법_{당신 자신이 발신자, 즉 바울이 아닌 수신자, 다시 말하면 데살로니가 신자들이 되어 바울에게 응답하는 것-역주}을 통해 당신은 그 네 달 동안 데살로니가에서 일어났던 일들을 알게 될 것이다.

데살로니가 교회에 보낸 바울의 두 번째 서신, 즉 신약성경 중 바울의 세 번째 문서에 해당하는 이 편지는 52년 4월에 작성되었다. 무엇이 바울로 하여금 이 편지를 쓰게 했을까? 데살로니가전서와 데살로니가후서 사이의 이 5개월 동안 무슨 일이 있었던 것일까? 데살로니가전서를 받아 읽은 후, 이 열정 넘치는 데살로니가인들 중에 지나치게 앞서가는 이들이 있었다. 이전 편지에서, 바울이 그리스도의 재림에 대해 언급한 것을 듣고 그들 중 어떤 이들은 당장 내일 아침 주님이 오실 걸로 확신한 나머지 일하던 것을 내동댕이쳤다. 그리고 식사 때가 되면 묵묵히 일하는 다른 신자들의 집에 나타났다!

바울의 두 번째 편지는 교회가 처한 이런 현실적인 문제들에 대응하기 위해 작성되었다. 이 편지의 요점은 다음 한 문장으로 요약될 수 있을 것이다: "일하지 않는 사람들은 먹지도 말라"

어떤 성경의 주석서는 이렇게 해설하고 있다: "데살로니가에 있는 동안 바울은 그리스도의 부활과 재림에 대해 강력한 가르침을 펼쳤습니다." 그러나 사실은 그 반대이다. 거기에 머무는 동안 바울은 그 주제에 대해 거의 언급조차 하지 않았을 것이다.

이제 데살로니가의 에클레시아에
보내진 바울의 두 번째 편지를
읽을 차례이다.

당신이 데살로니가의 말씀을 인용할 때마다

이 편지가 당신과 나를 포함한, 어느 한 개인의 경건생활을 위해

주어진 말씀이 아니라는 것을 꼭 기억하라.

이 편지는 교회개척자에 의해 세워져서

한 몸으로 살아가고 있는 교회에 보내진 편지이다.

바울의 네 번째 서신
고린도전서의 배경이
여기서 시작되다

52-57년

사도행전 18장 5절-19장 23절

바울은 52년에 그의 펜을 내려놓았다. 다음 편지를 쓰기까지 5년의 시간이 걸릴 것이다. 우리는 바울로 하여금 고린도전서를 쓰게 만들었던 그 5년 동안의 사건들을 봐야 한다. 앞서 작성한 편지와 고린도전서 사이에 5년이란 시간이 있기 때문에, 그리고 그 시간동안 일어났던 사건들이 결국은 고린도전서를 설명할 것이기 때문에 우리는 그간에 있었던 일들을 알아야 하는 것이다.

원리원칙:

고린도 전서를 쓰게 만들었던 그 5년 사이의 일들을 이해하라. 그러면 고린도 전서를 이해하게 될 것이다.

1. 그 5년간의 일들에 대한 누가의 진술을 읽으라.
2. 끼어들라, 바울과 고린도교회 신자들 사이에-역주 거울을 보라당신 자신이 발신자, 즉 편지를 보낸 바울이 아니라 수신자, 즉 편지를 받는 고린도교회 신자가 되어 바울에게 응답 하라-역주 5년 동안의 일들이 그 안에 녹아 있기에 그리 간단한일은 아닐 것이다.

데살로니가후서를 기록할 당시 바울은 약 네 달가량 고린도에 머물고 있었다. 이후 약 14개월 동안 바울은 고린도에 더 머물렀다. 바울이 지금까지 방문했던 도시 중 가장 긴 시간의 체류였다. 그러나 고린도교회 입장에서 보면, 더구나 다중문화, 다중언어를 구사하는 교회, 그리고 개개인의 주장이 고집스런 그 교회를 남겨두고 떠나기에 18개월이란 기간은 너무 짧은 시간이었다.

바울은 52년부터 53년 전반기를 그곳에서 보냈다.

바울은 당시 두 가지의 원대한 포부를 가지고 있었다. 하나는 형제들을 집중적으로 훈련시켜보겠다는 새로운 계획과, 다른 하나는 자신이 직접 로마에 들어가진 못할지라도 어쨌든 로마에 교회를 세우려는 것이었다. 클라우디우스 황제의 유대인추방령 때문에 바울이 직접 로마에 들어가는 것은 실제 불가능한 일이었다.

이 두 가지의 원대한 역사, 즉 에베소에 교회를 세워 형제들을 훈련시키고, 이후 로마에 교회를 세우는 일을 위해 바울은 브리스길라의 도움이 곧 필요할 터였다.

로마와 제국 내의 정황

황제는 아가야남 그리스 지방의 총독으로 갈리오Gallio를 임명하였다.

클라우디우스가 그의 황제 직을 계승할 자로 13살 된 네로의 자질을 의심하기 시작한 것도 이 무렵이었을 것이다. 그런 의심을 가질만한 합당한 이유는 분명히 있었다.

이스라엘

쿠마누스는 중대한 문제를 겪고 있었다. 사마리아인들이 무구한 유대인들을 공격했다. 쿠마누스가 이 사건에 개입해 부적절하게 취한 행동은 결국 그를 총독 직에서 파면시키는 결과를 빚었다.

벨릭스Felix라 불리는 새 총독이 그의 자리를 대신했다.

벨릭스는 이 자리에 부적절한 인간이었다.—역사가 요세푸스

쿠마누스를 대신한 벨릭스는 이후 60년까지 총독으로 치리할 것이다. 그리고 바울은 58년에 죄수의 신분으로 그의 궁궐에서 그와 대면하기 시작해 60년까지 그 앞에 서게 될 것이다.

예루살렘의 축제기간 중 몇 명의 로마 군인들이 소요를 일으킨 유대인들을 죽였다. 이에 대한 복수심으로 독특한 방식의 암살조직이 결성되고 있었다. 이들은 축제 기간 중 로마에 동조하는 자들에게 몰래 다가가 그를 찌르고 달아나곤 했다. 단검을 가지고 다니는 이 조직은 이후 시카리파라고 불리게 되었다.

우리는 이제 53년도로 넘어가고 있다. 앞으로 5년 동안 바울은 펜을 잡지 않을 것이다.

많은 갈등과 소요로 괴로움을 겪은 후 바울은 한 번 더 그가 일으켜 세운 교회를 떠나게 된다. 바울이 교회를 세운 후 에클레시아 자체에 교회를 맡기고 떠난 교회의 수는 이제 도합 여덟 개가 되었다.데살로니가전서나 후서에 이 교회의 장로들에 대한 언급은 없다

바울이 고린도 거리에 처음 걸어 들어왔을 때 황제 클라우디우스에 대한 바울의 혐오감은 더 자라고 있었음에 틀림없다. 황제의 유대인 추방령 후에 로마 외곽의 도시들 중 가장 큰 도시에 속했던 고린도는 탈출한 유대인들로 넘쳐나고 있었다.

18개월 만에, 바울은 그 오합지졸의 교회를 남겨두고 또 다른 지역의 또 다른 도시로 길을 재촉하고 있었다. 바울은 에베소 시市를 사전 점검하기 위해 잠깐 방문하는 중이었다. 바울의 옆에는 브리스길라와 아굴라가 있었다. 브리스길라는 스물다섯 살이었고 아굴라는 삼십이었다. 우리는 이 이야기가 끝나기까지 이 사랑스런 부부가 함께 늙어가는 것을 보게 될 것이다

바울의 두 번째 여정의 마지막 장소를 간략하게 정리해보자.
- 바울이 고린도에 도착한 때 ·················· 51년 11월
- 바울이 고린도와 작별한 때 ················ 53년 5월
- 고린도에서 보낸 총 시간 ······················ 18개월

제3권

에베소교회 라인
53-70년

바울이 훈련시킨 형제들에 의해 세워진 교회들

사도행전 18장 3절-28장 31절

이방인 교회들은 "바울스타일"로 세워졌다. 에베소 교회가 세워진 후, 그 에베소 교회에서 흘러나온 교회들은 바울이 훈련시켰던 일꾼들에 의해 세워졌을 것이다. 바울에 의해 훈련받은 이 형제들은 앞서 세워진 갈라디아와 그리스 지역의 교회들까지 돌보기 시작했다.

실제로 이 젊은이들은 자신들이 자라난 에클레시아의 교회생활 자체를 통해 이미 훈련된 사람들이었고, 이후 에베소에 세워질 교회를 돕기 위해 제국 전역에서 부름 받았으며, 다시 한 번 에베소 교회생활을 경험하며 한층 더 훈련되었다.

이들은 세미나 같은 방식으로 혹은 성경공부와 같은 방식으로 훈련받지 않았다. 이들을 훈련시킨 것은 바울의 방식이었고 나아가 하나님의 방식이기도 했다. 여기, 일꾼으로 훈련받고자 하는 이들을 위해 제시된 최초의 영적인 매뉴얼이 있다. 그 핵심은 순례하는 교회개척자와, 그리스도를 중심에 모신 에클레시아 자체였다.

바울의 세 번째 교회개척 여정의 배경이 여기서 시작되다

53년

사도행전 18장

바울은 세계 최고의 도시, 아름다운 에베소를 향해 에게 해 북동쪽으로 항해를 했다. 고린도에서 에베소까지는 약 445km로 추산된다.

브리스길라와 아굴라는 바울과 함께 배에서 내렸다. 브리스길라는 신속하게 집을 구해놓았다!

때는 53년 7월이었다.행18:19-20 그곳의 회당사람들에게 의외로 따뜻하게 영접 받은 후, 바울은 모母교회인 안디옥으로 향했다. 바울이 다시 에베소에 돌아오기까지는 1년이 걸릴 것이다.

안디옥으로 가는 길에 바울은 실라와 디모데를 데리고 잠시 예루살렘에 들렀다. 에베소에서 예루살렘까지는 990km이다. 이 문장을 놓치지 말고 주의하라: "가이사랴에 상륙하여 올라가 교회의 안부를 물은 후에 안디옥으로 내려가서 … " 여기서의 교회는 예루살렘 교회를 말하는데 우리는 종종 그것을 간과해왔다.53년 7월; 행18:22 이것은 바울의 네 번째 예루살렘 방문이었다. 이후 58년이 되면, 바울은 유대지역에서 가장 미움 받는 한 사람이 되어 있을 것이다. 유대인들이 바울을 이렇게 인식하게 된 계기는 갈라디아 교회에 보낸 바울의 편지, 즉 갈라디아서의 사본이 유대지역에서 회람되고 있었기 때문인 것으로 추정된다.

알다시피 갈라디아서는 유대 율법주의자들에 의해 상처 입은 갈라디아 신자들에게 보낸 바울의 첫 편지였다. 이 편지에서 그는 율

법주의를 경계하기 위해 당연히 그리스도 안에서의 자유를 강조했
다. 그런데 이 편지의 사본이 유대지역의 율법주의자들에게 회람
되면서 바울이 마치 율법을 파괴하며 다닌다는 인상을 심어줬던
것이다-역주

바울의 가시가 여전히 그를 파괴하려 영향력을 행사하고 있던 것일까?

절반만 유대인인 디모데는 처음으로 예루살렘을 둘러보았다. 갈라디아
시골에서 자란 청년에게 예루살렘이란 얼마나 놀라운 경험이었을까!

바울에겐 앞으로 한 번 더, 그의 마지막 예루살렘 방문이 남아있는 셈이
다.

안디옥교회로 돌아오다

바울의 두 번째 여정은 예루살렘에서 끝이 났다. 1차 여정 때의 바나바
처럼, 실라 역시 바울의 세 번째 교회개척여정엔 동행하지 않을 것이다.이
때 실라는 예루살렘 교회에 남았을 것이다-역주 우리가 그를 비난할 수 있을까?
실제로 바울과 1차 여정을 함께 했던 어느 누구도 그와 함께 2차 여정을 떠
날 엄두를 내지 못했을 것이고, 그와 2차 여정을 함께 했던 어느 누구도 3
차 여정에 선뜻 나서지 못했을 것이다.

예루살렘을 떠나 바울과 디모데는 안디옥을 향해 북쪽으로 걸어 나갔
다. 예루살렘에서 안디옥까지는 483km이다. 53년 여름, 두 사람은 안디옥
교회에 도착해 하나님께서 행하신 일들을 형제자매들에게 보고했다.

바울은 안디옥에서 1년을 보냈다. 왜 그랬을까? 세 번째 여정을 준비하
고 있었던 것이다.

세 번째 교회개척 여정을 위한 바울의 준비

바울은 이제 매우 분명한 계획을 가지고 있었다. 처음 1, 2차 여정에서, 바울은 어떤 계획도 없이 나섰었다.

바울은 이 때, 그의 특별한 친구들과 친척들에게 뿐만 아니라 그가 세운 이방인 교회들에 편지를 쓰느라 매우 분주했다. 무슨 내용이었을까? 우리는 그가 갈라디아 더베 교회에 보낸 편지의 내용이 이러했으리라 확신한다. : 조만간 세 번째로 여러분들을 방문할까 합니다. 내가 여러분들을 잠깐 방문한 후 떠날 때에는 가이우스 형제를 데려갈까 합니다. 나는 더베에서 에베소로 직접 갈 생각입니다. 거기 에베소에서 교회를 세운 후 6명의 젊은이들을 훈련시키려 합니다. 가이우스도 그 여섯 중의 한 명입니다.

그 후 바울은 데살로니가교회와 베뢰아교회에도 간략한 편지를 보냈다. 이런 내용이 핵심이 아니었을까?

이미 세워진 이방 교회들과 앞으로 세워갈 이방 교회들을 섬기려는 특별한 목적을 가지고 나는 에베소에 교회를 세우러 갈 것입니다. 도중에 그리스를 지날 것입니다. 제가 아리스다고 형제와 세군도, 그리고 소바더를 데리고 갔으면 합니다. 이 형제들을 그리스도의 일꾼으로 훈련시키고 싶습니다.

주목할 점

이 여섯 명의 젊은이들은 저마다 위대한 자질을 가지고 에베소로 모이게 된다. 그 자질이란 무엇일까? 그들의 교회생활이 곧 그들의 자질이었다. 그들은 저마다 교회생활을 경험한 상태였다. 그들 각각은 최소한 하나의 교회가 세워지는 것을 직접 경험한 사람들이었다. 그리고 인근의 몇 교회들이 세워진 과정도 알고 있었다. 게다가 이 여섯 젊은이는 이제 바울에 의해 세워질 에베소교회의 모든 과정에 또 한 번 참여하게 될 것이다.

이것이 교회가 마땅히 지녀야 할 모습이다.
이것이 교회가 세워지는 마땅한 방식이다.
이것이 주님의 일을 위해 훈련받는 일꾼들이 검증받아야할 내용이다.
이것이 모든 교회가 따라야 할 매뉴얼 … 에베소교회 스타일로 훈련
   받은 순회사역자에 의해 … 일시적인 도움과 … 아주 가끔의 방문만
   으로 세워지는 방식이다.
이제야말로 우리 시대의 그리스도인들이 머리로 생각하는 것을 멈추
   고 1세기의 방식으로 돌아갈 시간이 되었다.

사랑하는 독자들이여, 바울의 방법이 우리의 세미나보다 더 낫다는 것을 명심해 주시길 바란다. 바울이 안디옥을 떠날 때 루스드라의 디모데와 안디옥의 디도가 그 옆을 지키고 있었다. 그리고 에베소에서는 브리스길라와 아굴라가 1년 전부터 바울과 그의 동역자들을 기다리고 있었다.

우리는 예루살렘 교회로부터 흘러나온 여러 유대인교회들을 목격하였다. 안디옥 교회로부터 흘러나온 여러 이방교회들도 목격하였다. 이제 우리는 새로운 계통의 교회, 완전히 새롭게 시작되는 교회를 보게 될 것이다. 주의 일꾼이 될 젊은이들이 어떻게 훈련받는지, 그 1세기 스타일의 모습을 확인할 시점에 와 있다.

그 당시 에베소에는 유대계 그리스인 철학자 한 사람이 여행하고 있었다. 브리스길라가 그 사람을 주님께로 인도하여 말씀을 풀어주고 교회의 멤버가 되도록 격려하여 고린도 교회로 보내주었다. 그 사람의 이름은 아볼로Apollos였다. 그러나 이 그리스 웅변가는 한 사람의 새 신자로서 고린도

교회에 잘 정착한 것이 아니라 화려한 웅변술로 고린도교회 신자들의 마음을 사로잡았다. 아볼로에 대해서는 후에 좀 더 들어볼 기회가 있을 것이다.

세 번째 여정이 시작되다

바울은 그의 세 번째 교회개척 여정을 시작하면서

그가 세운 여덟 교회 전체를

잠시 방문했다.

행18:23-28

잊지 말아야 할 것들

바울의 세 번째 여정을 따라가면서, 그가 지금까지 여덟 개의 교회를 세웠다는 사실을 기억하고 있어야 한다. 여기 그 교회들의 나이를 보자.

제 1차 교회개척 여정 (갈라디아)

	교회가 심겨진 연도	54년 당시 교회의 나이
비시디아안디옥	47	7년
이고니온	47	7년
루스드라	48	6년
더베	48	6년

제 2차 교회개척 여정 (그리스)

	교회가 심겨진 연도	54년 당시 교회의 나이
빌립보	50	4년
데살로니가	51	3년
베뢰아	51	3년
고린도	51년 말	3년

이 교회들을 잠시 방문하며, 바울은 더베의 가이우스, 데살로니가의 아리스다고와 세군도, 베뢰아의 소바더를 데리고 에베소로 향했다. 루스드라에서는 디모데가, 그리고 안디옥에선 디도가 이미 바울과 동행하고 있었다. 이 젊은이들이 얼마나 오래 교회생활에 몸담고 있었는지를 주목하라.

54년, 바울은 에베소로 가는 도중에 이 교회들을 각각 방문한다. 그리고 57년 이후, 바울은 더 이상 이 교회들을 보지 못할 것이다. 그렇다면 누가 이 교회들을 돌보았을까? 바로 이 여섯 형제들이었다! 거룩한 성화가 다음 주자의 손에 옮겨졌던 것이다!!

54년

사도행전 19장

로마와 제국 내의 정황

54년 10월 13일에 황후 아그리피나는 그녀의 남편 클라우디우스를 독살했다. 클라우디우스는 63살이었다. 아그리피나는 기어코 그녀의 열여섯 살된 아들, 네로를 새 황제에 앉히고야 말았다. 클라우디우스의 아들, 브리타니쿠스는 이제 죽은 것이나 다름없었다.

거대한 국제무역회사를 경영하던 나깃수Narcissus: 롬16:11에 언급는 황제에게 회사를 빼앗기고 자살하였다.

클라우디우스가 죽자 네로는 그를 신으로 만들었다.죽은 황제를 신격화하기 위해 신으로 선포함-역주

아그리피나는 화폐를 새로 주조하여 그 위에 네로의 얼굴과 함께 자신의 얼굴을 새겨 넣었다. 로마인들은 경악하였다! 그런 일들이 제국의 모든 저잣거리에서 회자되고 있었다.

이스라엘

잔인한 54년, 이스라엘에서 일어난 일들을 우리는 알아야 한다.

나라 안의 어디서나 노상강도가 세력을 더해가고 있었다. 시카리파단검단는 정치적으로 강력한 영향력을 행사하고 있었다. 그들의 눈은 로마에 우호적인 사람들을 암살대상으로 물색하기 위해 번뜩이고 있었다.

총독 벨릭스는 어떻게든 이 난국을 수습해보려고 결연한 노력을 기울이고 있었지만 결국 그는 실패할 것이다.

바울은 디도와 디모데를 데리고 안디옥을 떠나 에베소로 가는 중이었다. 그는 갈라디아를 방문하여 가이우스를 데려갔다. 그 다음에 그리스로 항해하여 데살로니가의 아리스다고와 세군도, 그리고 베뢰아의 소바더를 선택해 에베소로 데려갔다. 그렇게 여섯 젊은이와 바울은 54년 여름에 에베소에 당도했다. 향후 에베소에서 이 젊은이들 외에 두 사람의 젊은이가 더해질 것인데 바로 두기고와 드로비모Tychicus and Trophimus이다.

주의 일꾼으로 훈련받게 될 사람들의 자격

사역자의 길에 들어선다는 것은 너무도 중요한 일이어서 우리는 그 길에 들어서는 이들이 갖춰야 할 진실한 덕목에 대해 꼭 알고 있어야만 한다.

여섯 젊은이들이 에베소로 들어갈 때 그들 한 사람 한 사람은 다음과 같은 배경을 가지고 있었다.

주의 일꾼으로 훈련받기위해 에베소에 들어갔던 여섯 젊은이들이 갖추고 있었던 덕목(자격)

디도

바울이 43년도에 바나바를 동반하고 안디옥에 당도했을 때 디도 역시 거기 있었다.

그는 43-54년까지 역사상 가장 위대한 교회중 하나인 안디옥교회에서 교회 생활에 몸담았다.

이 할례 받지 않은 이방인이 예루살렘 공의회에 바울과 함께 있었다는

사실은 기절할 만한 일이다. 그는 예루살렘 교회와 열두 사도를 만났고, 예루살렘의 장로들을 만났다. 그 논쟁의 자리에 그가 있었다. 그는 50년 당시 스물다섯으로 추정된다.

사도들의 서명으로 추인된 역사상 가장 중요한 서신, 즉 예루살렘 서신에 디도의 서명이 들어가 있었다.

바울, 바나바, 실라, 그리고 유다가롯 사람 유다를 말하는 것이 아님와 함께 고향 안디옥교회로 돌아오는 길에, 디도는 요한 마가와 많은 시간을 함께 보냈다. 알다시피 마가는 후에 예수 그리스도의 자서전을 쓴 인물이다. 이 모든 사람들이 디도의 멘토였다.

바울이 쓴 갈라디아서를 갈라디아 교회에 전달한 사람은 거의 확실히 디도였을 것이다.

갈라디아에서 디도는 디모데와 가이우스를 만났다.

독자들이여. 이만하면 대단한 이력서 아닌가! 디도는 바울의 2차 교회개척 여정에 함께 했을 수도 있고 그렇지 않을 수도 있다. 사도행전에서 누가는 디도의 존재를 애써 무시하고 있다. 그가 무시하고 넘어간 그 대목에서 바울은 오히려 디도를 언급하고 있는데 말이다.

디도에 대한 누가의 반응이 이러한 데에는 나름의 이유가 없지 않다. 디도는 누가의 조카이다. 삼촌의 눈으로 볼 때 어린 조카의 역할에 큰 의미를 부여하는 것은 힘들었을 것이다. 또 어린 조카의 역할을 실제로 인정했더라도 공식적인 문서에 자신의 조카를 드러내기란 쉽지 않았을 것이다-역주.

이방인 사역자로 부름 받은 이 여섯 젊은이들은 각자 자신의 에클레시아 경험을 다른 다섯 동역자들과 공유하였다. 이때 디도가 얼마나 많은 경험들을 나누었을지 생각해보라. 이 여섯 젊은이들의 상호교제에서 중심 고리를 꼽으라면 우리는 단연 디도를 첫째로 꼽을 수 있을 것이다.

디모데

바울은 48년에 갈라디아의 루스드라에 도착했다. 거기서 그가 얻은 첫 회심자중의 하나가 디모데였다. 그의 모친 유니게와 외조모 로이스 역시 그때 회심했다. 그 당시 디모데는 18살이었던 것으로 추정된다.48년 그는 교회가 탄생하는 과정을 직접 목격하였고 처음부터 그 자리에 있었다. 그 외에도 디모데에 대해 언급할 부분은 많다.

디모데는 48-50년 동안 바울로부터 또는 다른 어떤 곳으로부터의 도움도 없이 루스드라교회의 에클레시아 생활을 경험하였다. 그는 유기적인 교회에 속하여 교회생활을 경험했던 인물이다.

갈라디아에 있으면서, 디모데는 다른 갈라디아 지역의 교회들, 비시디아 안디옥, 이고니온, 그리고 더베 교회를 방문하였고 그들의 교회생활을 알고 있었다.

디모데는 종교적 광신주의자들이 갈라디아 네 교회들을 호되게 공격하는 현장을 직접 목격하였고 그들이 바울에 대한 불신을 조장하고 교회를 파괴하려 획책할 때 그 현장에 있었다. 그것은 교회생활의 실체를 경험한 것이다. 율법 주의자들이 갈라디아에 왔을 때 디모데는 그들과 당당히 맞섰고 그들을 뒤쫓아가 공격받는 교회를 돌보았다.

디모데는 48-50년 무렵부터 더베의 가이우스와 이미 교제하고 있었

다. 루스드라에서 더베까지는 135km이다.

\# 율법주의의 공격을 받은 갈라디아 네 교회를 바울이 다시 은혜가운데로 되돌려놓는 과정을 디모데는 직접 목격하였다.

\# 디모데는 실라와 3년 동안이나 긴밀한 동역자로 지냈다. 실라가 예루살렘에서 얻었던 그 풍부한 경험들이 디모데에게 전해졌다.

\# 바울이 빌립보와 데살로니가, 베뢰아와 고린도에서 교회를 일으킬 때 디모데는 그 현장에 함께 있었으며 그 과정에 있었던 모든 아픔과 기쁨들을 직접 목격하였다.

\# 디모데는 신앙의 모든 것이 담겨진 예루살렘을 방문했다.

\# 디모데는 브리스길라와 아굴라를 알고 있었다.

\# 디모데는 안디옥 교회에서 1년을 보냈다. 설령 안디옥에 머물기 전에 그가 디도를 본 적이 없었더라도 적어도 안디옥에서 보낸 그 1년만큼은 디도와 함께 지냈음이 분명하다. 두 사람은 자신들이 소유하고 있는 믿을 수 없는 경험의 보고寶庫를 공유했다. 두 사람의 깊은 교제는 에베소 생활 이전에 이미 시작되었던 것이다.

\# 디모데와 디도는 바울이 에베소 사역을 준비하는 모든 과정을 직접 목격했다.

\# 에베소를 향해 걸으며 느꼈던 여정에서의 감격, 그 여정을 함께 시작했던 가이우스, 아리스다고, 세군도, 소바더와의 영적인 상봉을 디모데는 가슴깊이 간직하고 있었다.

\# 디모데는 교회개척자church planter가 겪는 엄청난 고통을 직접 목격하였다.

가이우스

\# 가이우스는 그 자신만의 독특한 교회생활을 경험하였다. 그는 더베 교회가 처음 시작될 때부터 그 교회의 구성원으로 있었다. 그는 갈라디아의 네 어린 교회들이, 바울이 주었던 아주 잠깐 동안의 도움만으로, 48년부터 54년 내내 갈등과 위기 속에서 살아남는 것을 직접 목격하였다.

\# 가이우스는 디도와 디모데, 그리고 다른 세 동역자들에게 바로 그 이야기를 해줄 수 있었다. 그것은 다른 어떤 사람도 모르는, 오직 가이우스만 알고 있는 이야기였다! 갈라디아는 가난하고 무지한 지방이다. 기억하라, 그럼에도 이 가장 어린 교회가, 그리고 가장 가난한 교회가 바리새인들로부터 제일 먼저 공격을 받았다는 사실을!

\# 가이우스가 알았던 것을 우리도 알 수 있다면 좋겠다. 우리는 그 5년 동안의 폭풍우 속에서도 꿋꿋이 생존했던 이들의 실제적이고 영적인 요소가 무엇 이었는지 곧 알게 될 것이다.

\# 가이우스는 갈라디아에 세워진 다른 세 어린 교회들도 알고 있었다. 그는 젊지만 대담했던 디모데를 알고 있었고 그가 네 어린 갈라디아 교회를 위해 바리새인들과 담대히 맞서는 모습을 목격하였다.

\# 우리는 가이우스의 나이를 48년 당시 스물다섯, 54년 당시 서른한 살로 추정한다. 그는 이미 6년 동안의 교회 생활을 경험하고 있었다. 하나님의 일을 어 깨에 짊어질 사람으로 결코 나쁘지 않은 이력을 그는 가지고 있었다.

아리스다고와 세군도, 그리고 소바더

\# 우리는 51-52년 당시 이 세 사람의 나이를 스물다섯으로 추정하고 있

다. 이 세 사람은 북 그리스데살로니가와 베뢰아를 떠나기 전, 단 2년간의 교회생활을 경험했다. 누가는 그들이 살던 북 그리스, 즉 마케도니아를 "위쪽 지방"이라 불렀다. 그 지역은 에게 해를 가로질러 에베소로 가는 거의 정 동쪽에 위치해 있었다.행19:1

\# 이 세 사람은 교회가 시작할 때부터 그 교회와 함께 생활해왔다.

\# 그들은 교회가 세워지던 격동의 시간에 어린 교회를 돕기 위해 거기 남았던 실라와 디모데를 만났다.

\# 데살로니가 교회가 겪었던 그 수많은 핍박과 그 핍박에 반응하는 교회의 생생한 모습을 그들은 직접 목격하였다. 이후 세상의 종말이 당장 닥칠 것처럼 종말론에 과잉 반응하는 교회의 실수까지도 이들은 직접 목격했다.

\# 이 세 사람들은 교회가 사도바울로부터 편지를 받는다는 것이 무엇을 의미하는지 두 번이나 경험하였다.

\# 빌립보 교회가 루디아를 주축으로 바울에게 보내주는 후원과 돌봄을 그들은 잘 알고 있었다.

이처럼 에베소에 들어간 여섯 사람이 여섯 외에 다른 젊은이가 있었다. 그의 이름은 에바브라Epaphras였다. 그는 63년까지 등장하지 않는다. 스스로 세 개의 교회를 세운 그는 바울을 보러 로마로 건너간다. 그리고 거기 있으면서 바울의 교회개척 경험들로부터 영감을 얻는다. 에바브라는 이례적인 사람이었다은 서로에게 전해줄 자신만의 충분한 경험을 가지고 있었고, 상호교제를 통하여 어떤 일을 만나든 충분히 헤쳐 나갈 사람으로 준비될 것이었다. 게다가 이 사람들은 이제 삼년 동안이나 바울과 함께 살게 될 것이다. 졸업 선물로 예루살렘 여행을 보장받은 채!

현실 직시

우리는 1세기 방식으로 주의 일꾼들을 세우고 있는가?

질문 안에 이미 답이 들어있다. 숱한 세미나와 성경공부는 그리스 철학적인 교육모델을 흉내 내는 것일 뿐이다. 2백 년대 이후부터 계속되어왔던 그 숱한 세미나와 성경공부가 바울과 같은 혁명적인 주의 일꾼들을 길러낸 적이 있는가? 아니면 신약성경을 원래 기록된 순서대로 읽도록 우리의 눈을 뜨게 해주기라도 했는가? 1세기에, 주의 사람을 훈련시킨다는 것은 오로지 교회 개척자의 손에 달려있었고 그 훈련의 방식도 분명했다. 그 훈련 방식은 다름 아닌 예수께서 당신의 제자들에게 베푸셨던 방식과 아주 흡사했다.주님은 제자들을 직접 선택해서 부르신 후, 부름 받은 그들과 함께 자고, 걷고, 먹고, 보여주고, 보여준 것을 실제 해보도록 마을로 보내고, 보냈던 그들을 다시 불러 보고를 받고, 보고받은 것들에 대해 아버지의 말씀을 주셨다. ex. 눅10:1-24을 보라.-역주사랑하는 독자들이여, 주의 사람을 세운다는 것은 세미나 같은 그리스적인 훈련방식도 아니고 성경공부와 같은 서구적인 방식을 따라하는 것도 아니다. 주님의 방식이나 바울의 방식은 매일 매일 함께 사는 삶에 뿌리를 두고 있었다.

주님과 바울에 의해 우리에게 주어진 방식은 그런 방식이며 우리는 그 방식으로 돌아가야 한다.

이제 이 전대미문의 해, 54년에 일어났던 그 밖의 일들을 좀 더 살펴보자.

54년

54년에 일어난 또 다른 사건들

이스라엘

상황은 극단적으로 치닫고 있었다. 시골 갈릴리에서 시작된 시카리파는 수적으로도 성장했지만 그 활동도 점점 대담해졌다. 누구도 쉽게 로마와 교역하려는 이가 없었고 로마에 우호적인 사람은 안전을 장담할 수 없게 되었다. 예루살렘의 축제는 더 이상 축제도 아니었고 침울한 분위기 속에서 사람들은 공포심에 질려있었다.

이 모든 상황이 바울과 그의 여덟 동료들이 에베소에 있을 때 전개되고 있었다는 사실을 꼭 기억하라.

시카리파는 예루살렘과 유대지방의 부유한 유대인들을 암살하고 있었지만 아직 전 세계적으로 그들의 손을 뻗치지는 못하고 있었다. 같은 시각, 예루살렘 교회에는 더 많은 바리새인들이 들어오고 있었다. 율법주의와 로마제국을 향한 적개심은 점점 타오르고 있었고 어디서나 이런 변화가 감지되었다.

"우리가 봉기를 일으키기만 하면 메시아가 나타나 로마의 멍에를 벗겨줄 것이다"라는 말을 어디서나 들을 수 있었다. 모세의 법에 더 깊은 순종을 요구하는 바리새인들의 압박이 교회에도 강하게 전달되었다.

자연히 바울에 대한 혐의도 짙어지고 있었다. 율법주의자들은 바울의 이방인 사역을 결코 고운 눈으로 볼 수 없었다. 바울이 갈라디아에 쓴 편지사본이 이 무렵 예루살렘에 도착해 회람되고 있었다고 믿어도 좋다. 바리새인들의 눈에 그 편지는 분명 이단적인 주장을 담고 있었다. 유대주의자들의 입장에서 그 편지내용을 한 줄로 요약한다면 다음과 같다: "바울이 이스라엘 밖에 거주하는 유대인들에게 할례 받을 필요가 없다고 말했다!"

이후 57년쯤 되면 시카리파가 전 세계적으로 그들의 손을 펼 것이다. 그들은 바울을 찾기 위해 소아시아에까지 나타날 것이다.

상황이 이렇게 흘러가던 54년 여름, 안디옥을 떠난 바울은 여섯 젊은이들과 함께 에베소에 도착했다. 도시 성문에 들어가기도 전에 그는 열 두 명의 회심자를 얻었다. 그 중 한명이 바로 에베네도Epaenetus였다.행19:1-2 바울과 그의 동역자들은 벌써 일 년 넘게 그들을 기다리고 있던 아굴라의 집으로 들어갔다.

바울은 그곳 에베소에서 교회를 일으켜 세우며 여덟 명의 젊은이들을 훈련시키느라 3년을 보냈다. 그곳에 있는 동안 바울은 두 사람을 더 제자로 받았다. 55-56년 사이에 일어난 일들에 대해 우리는 많은 것을 알지는 못한다. 그러나 에베소 교회가 세워지고 그곳에서 주의 일꾼들이 훈련되었다는 사실은 분명한 역사성을 가지고 있다.

54년은 또한 황제 클라우디우스가 살해된 해였고 시카리파의 세력이 확대된 해였으며 네로라고 불리는 16살의 황제가 즉위한 해이기도 하다.

아그리피나는 아들 네로를 통해 제국을 다스리며 스스로를 여왕처럼 여기고 있었지만 그녀 안에 미친 황제 칼리굴라의 피가 흐르고 있을 뿐 아니라 그녀의 아들 네로의 혈통 속에도 역시 미치광이의 피가 흐른다는 사실을 망각하고 있었다. 아그리피나는 이제 4년 후에 죽게 될 것이다.

에베소에서 훈련받는 여섯 젊은이들의 그룹에 두 사람이 더 들어왔다. 두기고와 드로비모라는 청년이었다. 우리는 54년 당시 이 두 젊은이의 나이를 스물다섯 살로 추정한다.

이제 바울과 그의 훈련생들이 에베소에서 보냈던 3년 동안의 삶 속으로 들어가 보자.

55년

사도행전 19장

에베소에서, 바울은 두란노Tyrannus라는 사람과 계약을 맺어 그의 강당을 빌려 쓰기로 합의하였다. 사람들이 정오의 휴식siesta을 취하는 시간대에1-4시 바울은 두란노의 강당을 빌려 주님의 말씀을 전했다.

매일 전파되는 그의 가르침을 통해 에베소교회는 수적으로도 꽤 성장하게 되었다.

오늘날 신학교에선 학생들이 교실에 앉아 신학을 배운다. 그리고 그 과정을 다 마치면 졸업장을 받고 주일예배의 설교자로 보냄 받는다. 그러나 여기 이 젊은이들은 그들의 선생과 함께 살았다. 훈련이 끝났을 때, 당신도 알다시피 바울은 이 사람들을 다시 불러 모아 자신이 직접 이들을 데리고 다녔다. 에베소교회와 그곳의 훈련과정에서 우리가 배울 수 있는 것들은 무엇일까.

로마와 제국 내의 정황

죽은 황제 클라우디우스가 낳은 아들 브리타니쿠스는 14살의 나이로 독살되었다. 자신의 얼굴이 새겨진 화폐를 요구했던 아그리피나는 기어코 자신과 네로의 흉상을 동전에 새겨 넣었고 사람들은 이 전례 없는 처사를 결코 환영하지 않았다. 네로의 교사중 하나인 세네카Seneca는 네로에게 부인을 맞이하라고 설득했으나 아그리피나가 그 제안을 가로막았다. 아그리피나는 네로에게 골칫거리가 되어가고 있었다.

이스라엘

아그립바의 아들인 아그립바 2세는 유대에서 더 많은 책임을 맡게 되었다. 유대 총독이 될 날을 위해 수업 받는 걸로 보였다. 그러나 이전 총독들처럼, 그 역시 커져가는 유대의 소요를 감당할 수 없을 것이다.

55년쯤, 시카리파는 그들의 암살대상자들을 죽이기 위해 유대 넘어 전 세계로 나아갈 것을 모의하기 시작했다.

바울에 대한 소문도 커져가고 있었다.

이때쯤, 베드로 역시 이스라엘에서 가장 미움 받는 한 사람이 되어가고 있었음이 분명하다. 베드로를 미워하는 사람들은 그를 세례 받은 이방인 정도로 여기고 있었다. 베드로가 바나바를 데리고 고린도교회를 방문했을 거라는 가정도 충분히 가능하다. 그 방문은 55년 또는 56년에 이뤄졌을 것이다.

우리는 이제 56년도로 넘어가고 있다.

마가복음이 대략 55년 또는 56년에 기록되었다. 기록된 것은 이때쯤일지라도 그가 기록한 내용은 28-30년도의 사건들임을 명심하라.

전승tradition에 따르면 요한 마가John Mark가 베드로와 함께 이 복음서를 기록했다고 전해진다. 두 사람은 주님의 십자가와 부활을 눈으로 목격했던 사람들이다. 물론 베드로는 글을 배운 적이 없었으므로 실제 기록은 마가가 했을 것이고 베드로는 자신의 목격담과 주님께 직접 들은 이야기들을 마가에게 증언했을 것이다-역주. 오순절을 기준으로 마가의 나이를 추정해 보건데, 그가 복음서를 기록할 때는 서른 두 살 쯤 되었을 것이다. 바울, 바나바와 함께 첫 교회개척 여정을 떠났다가 중간에 되돌아 와버린 24살의 철없는 이 젊은이도 이제 성숙한 어른이 되었다.

마가복음이 완성된 후 오늘날처럼 수많은 사본이 인쇄되어 보급되었을 거란 상상은 하지마시라. 이 시대의 다른 모든 문서들 역시 마찬가지다. 어떤 문서의 사본이든 귀하기 이를 데 없었고 엄청난 비용이 들었다.

56년

사도행전 19장

바울은 마케도니아 북쪽에 교회가 설 수 있도록 도와달라는 요청이 있었다는 사실을 알게 되었다. 그는 디모데와 에라스도Erastus를 마케도니아에 급파했다.행19:22 바울 자신은 계속 에베소에 남기로 결정했다.

로마

로마제국은 그 황금기를 달리고 있었다.54-68 네로는 앞으로 4년 동안 유명한 인물이 될 것이다. 이미 그가 중심인물로 회자되는 곳도 있었지만 아직 그의 포악함과 타락은 드러나기 전이었다. 실제로, 그의 집정관이었던 세네카와 브루스Burrus는 제국의 앞날을 걱정하고 있었다. 당시 16살의 네로는 자아도취에 빠져있었다. 또 한편 네로는 그의 비열한 어머니, 자신을 조정하려 하고 지배하려 드는 모친 아그리피나에 극도로 예민해지고 있었다.

이스라엘

시카리파들은 국경을 넘기로 결정했다. 그들의 영향력은 이제 이스라엘을 넘어 모든 나라에서 감지되었다. 헬라파 유대인들은 자신이 암살대상에 포함될까 두려움에 떨었다. 그러나 시카리파의 첫 원정암살 대상자는 바울이 될 것이다. 만약 그들이 바울을 발견하기만 한다면 말이다! 바울이 그리스에 있을까? 북쪽일까 남쪽일까? 아니면 갈라디아에 있을까, 시리아에 있을까? 그도 아니면 에베소 근방에 있을까? 시카리파가 바울을 발견하기란 사실 쉽지 않았다.

바울이 데살로니가와 베뢰아에서 겪었던 어려움들, 그리고 계속 악화되어가는 유대에서의 평판, 또한 바울을 찾아 국경을 넘는 시카리파의 음모 뒤편엔, 바울이 자신의 가시라고 불렀던 바로 그 사람이 도사리고 있는 듯 했다. 몇 사람들은 바울의 족적을 찾아 추적하고 있었고 몇 사람들은 가능한 모든 회당들을 접촉하느라 분주했다.

이 해는 열심당Zealots이 수면에 떠오른 해이기도 하다. 이스라엘 어디서나 이런 소리들이 들려왔다. "로마에 굴종하지 마라.""로마에 빌붙는 유대인들은 누구든 죽여라.""우리가 로마에 봉기하면 메시아가 오실 것이다.""로마에 협조해 부를 축적한 사람들의 집을 찾아내라. 그들을 죽이고 그들의 집을 불사르라."

기독교 역사가 요세푸스Josephus는 이 당시 상황을 다음과 같이 증언한다. "그들의 열광적인 영향력이 온 유대를 뒤덮는 듯 했다." 요세푸스는 시카리파와 더 최근에 등장한 열심당에 대해서도 언급했다. 암살당하는 사람들의 숫자가 급격히 증가하자 예루살렘은 두려움 속에서 매일 매일을 보내고 있었다.

스스로 선지자임을 선언하는 한 애굽 유대인이 등장한 것도 바로 이 무렵이었다. 그는 자신과 자신을 따르는 이들에게 거룩한 도움이 임할 것이라고 주장하였다. 그리고 예루살렘 성을 회복하고 이스라엘을 로마로부터 해방시킬 것이라 약속하며 올리브 산Mount of Olive으로 한 무리의 군중들을 이끌었다. 로마 총독 벨릭스Felix가 출동해서 이 운동 전체를 진압해버렸다.

이윽고 에베소의 바울도 이 모든 일들을 알게 되었다. 그는 자신이 유대에서 가장 미움 받는 사람이 되어 있다는 사실도 알게 되었다.

오랫동안 예루살렘의 대제사장에 올라 있던 네데바우스Nedebaeus의 아들 아나니아는 이 무렵, 로마인들에게 지나치게 많이 협조한 까닭에 예루살렘의 몇 몇 제사장들과 심각한 갈등을 겪고 있었다. 아나니아는 59년까지 살다 죽는다. 이후 62년에 시카리파는 상상도 할 수 없는 일을 저지르게 될 것이다. 그들은 대 제사장 요셉Joseph을 암살했다. 이유는, 그가 로마 정복자들에게 눈에 띄게 우호적이었기 때문이다.

이스라엘의 긴장이 이렇게 치달을 때에 바울은 2년째 그의 젊은이들을 훈련시키는 중이었고, 2년째 에베소에서 교회생활을 이어가는 중이었다. 이제 에베소에서의 그의 영향력은 상상을 뛰어넘을 정도로 극대화되고 있었다.

바울은 새로 즉위한 젊은 황제 네로에 의해 혹시 유대인 추방령이 철회되지 않을까 노심초사 고대하고 있었다. 다시 로마에 유대인이 거주할 수 있게 될 날은 언제일까? 만약 바울이 살아있는 동안 그 날이 오지 않는다면 어찌할 것인가? 바울은 이 경우를 대비해 로마에 교회를 개척할 묘안을 떠올리고 있었다. 그것은 바울이 없는 상태에서 바울의 방식대로 이방인 교회를 세우는 것이었다.

바울은 그가 곧 암살단의 손에 죽게 될지도 모른다는 사실을, 그리고 어쩌면 그가 젊은이들을 훈련시키는 동안에 그 일이 일어날지도 모른다는 사실을 잘 알고 있었다. 그래서 이제 제 3세대 일꾼들에 의해 세워질 완전한 이방인 교회가 필요했다. 그리고 그 교회는 에베소계통의 교회가 될 것이다. 에베소는 이제 혁명적인 방식으로 교회를 개척할 새로운 일꾼들을 보유하기 시작했다. 그 일꾼들이 한 사람의 특이한 사도, 바울에 의해 길러지고 있었다. 그리고 에베소 교회는 이제 곧 죽음을 맞이할 한 늙은 교회 개척자가 그를 대신할 젊은이들을 훈련시키는 교회로 성장하고 있었다.

이것이 바로 주의 일꾼들을 일으켜 세우시는 주님의 방식이다. 주의 일꾼들을 길러내는 방식에는 먼저 갈라디아 방식이 있었다. 그것은 갈라디아 방식일 뿐만 아니라 주님의 방식이기도 했다. 이제 에베소 방식이 등장했다. 그것은 한 늙은 교회 개척자의 손에, 이후 교회 개척자가 될 젊은이들이 훈련받는 방식이었다.

바울이 에베소에서 그의 사역을 마칠 즈음 그의 가슴엔 두 가지의 계획이 담겨 있었다. 하나는 예루살렘을 방문하는 것이었다. 비록 그것이 생명을 담보로 하는 여정이 될지라도 꼭 거쳐야 할 과정이었다. 다른 하나는 새로운 방식으로 로마에 교회를 개척하는 일이었다.

이를 위해 바울은 한 번 더 브리스길라와 마주해야 했다! 바울은 그녀에게 로마로 이동해줄 것을 요청했다. … 그것도 바로 다음해에!

초기 교회를 언급하면서 어떤 특정 장소를 정확히 콕 집어 말할 수 있는 경우는 드물다. 그러나 "이 사람이 바로 이곳에 살았다"라고 정확히 말 할 수 있는 경우 중의 하나가 바로 브리스길라가 로마에서 살았던 집의 위치이다. 그것은 이미 2세기에 알려진 역사적 사실이다.

여기서 우리가 생각해봐야 할 문제가 하나 있다.

바울은 이후 로마에 있는 신자들에게 편지를 쓰게 된다.로마서-역주 그 편지의 마지막 장에서 바울은 20명이 넘는 형제자매들의 이름을 한 사람씩 불러가며 안부를 묻는다. 바울은 그들을 개인적으로 잘 알고 있었다. 어떻게 로마에 살고 있는 그 많은 이들의 이름을 바울은 개인적으로 알고 있었을까? 그것도 이탈리아에 간 적도 없는 바울이 친밀하게 말이다! 그 대답은 간단하다. 그들이 로마에 들어가기 전부터 바울은 이 사람들을 잘 알고 있었다. 56년 쯤, 바울은 브리스길라 뿐만 아니라 다른 많은 그리스도인들에게도 로마에 들어가 교회를 세워줄 것을 요청했던 것이다.

우리는 이제 57년도에 다가서고 있다. 이 해는 매우 빠르게 지나갈 것이다. 너무 빨라 그 속도감을 따라잡을 수 없을지도 모른다. 그 일 년 중 네 달은 여행-구상-또 여행으로 숨 가쁘게 달려갈 시간도 있을 것이다.

57년

사도행전 19장

에베소 교회를 통해 흘러나온 에베소계통의 교회들은 바울이 에베소에서 훈련시킨 젊은이들을 통해 세워진 교회들이 대다수였다. 바울은 그의 젊은이들을 인근 마을로 보내 복음을 전하고 교회를 개척하도록 독려했다. 요한계시록에 등장하는 교회 중에도 바울의 여덟 젊은이들에 의해 세워진 교회가 있는 듯하다. 그 밖에 우리가 주목해야 할 또 다른 중요한 요소들이 있다. 골로새 지방에서 에베소를 방문했던 한 점잖은 신사가 에베소에 머무는 동안 그리스도를 믿게 되었다. 그의 이름은 빌레몬이었다. 역시 골로새 출신인 에바브라도 같은 경우였다. 에바브라는 이후 매우 주목할 만한 주의 사람으로 성장할 것이다. 그는 교회 개척자일 뿐만 아니라 사도의 반열에 오르게 될 것이다.

그 사이, 에베소 사람들은 마술 책을 불태우고 있었다. 은으로 만든 아데미 여신상조차 팔리지 않자 에베소의 경기는 불황에 빠질 지경이었다. 그러자 엄청난 음모가 꾸며지고 있었다.

이스라엘

시카리파의 활동을 근절시키려는 총독 벨릭스의 노력은 계속해서 실패로 돌아가고 이스라엘을 짓누르는 테러의 공포는 더 짙어지고 있었다. 그 테러의 공포는 이제 이스라엘 국경을 넘어서고 있었다. 곧 이스라엘에서 가장 중요한 사건이 일어날 시간이 되었다. 시카리파가 마침내 바울을 죽이기 위해 소아시아로 찾아 나선 것이다.

시카리파는 그들만의 암살 절차를 가지고 있었다. 우선 단검을 지닌 각 단원들이 암살할 대상의 명단을 하나씩 제출한다. 그리고 투표결과, 제일 많은 표를 얻은 사람이 그들의 희생자가 된다. 이런 방식으로 대상이 선정되면 그들은 그 희생자의 영혼을 위해 기도했다. 57년, 그들이 기도했던 사람은 다름 아닌 바울이었다.

비슷한 시기, 가이사랴에서의 긴장감은 또 다른 국면을 맞이하고 있었다. 가이사랴 해변의 시리아-그리스인의 인구 비율은 황제를 곤란에 빠뜨리고 있었다. 그 지역을 다스릴 사람으로 유대인을 임명할 것인가, 시리아인을 임명할 것인가? 가이사랴에서 유대인과 시리아인의 인구비는 거의 대등하게 구분되어 있었다. 이때까지, 유대인들은 자신들의 생활방식에 우호적인 누군가를 로마정부에 두고 있었다. 바로 이 당시 유대인들에 우호적인 사람은 그나마 아그리피나가 유일하였다. 그러나 그는 이제 죽을 날을 1년 앞두고 있었다.

이 해 바울은 에베소에서 고린도교회에 편지를 보냈다. 그것은 한 숨에 읽어버리기엔 매우 긴 편지였다. 52년 데살로니가전서를 쓴 이후 근 5년 동안 바울은 서신을 기록하지 않았다. 잊지 마시라. 바울이 데살로니가 전서를 기록한 후 펜을 내려놓은 그날부터 고린도전서를 기록하게 된 배경이 시작되고 있다는 사실! 바울이 데살로니가전서를 기록한 것은 고린도교회에서였다. 5년 후, 그는 고린도교회에 편지를 보낸다. 당신이 연대기 순으로 바울 서신을 읽지 않았다면 매우 혼동되었을 것이다.

고린도전서의
배경이 무르익다
52-57년

행19:23

마지막 편지를 보낸 후 5년이 흐르다

57년 초, 바울은 고린도에 보내는 첫 번째 편지를 썼다. 여기 그때의 이야기가 있다.

바울이 에베소에서 사역하고 있을 때였다. 글로에의 집House of Chloe이라 불리는 국제적인 무역회사에 고용된 한 그리스도인이 고린도 교회가 처한 위기를 바울에게 알렸다.고전1:11 글로에의 집에서 일하는 그 사람이 고린도에 거주하는 사람이었는지, 그가 일부러 에베소를 방문해 바울에게 고린도 교회의 상황을 알렸는지, 아니면 그 정 반대일지, 그도 아니면 에베소 출신의 누군가 고린도로 가서 거기 상황을 보고 바울에게 알렸던 것인지, 우리는 전혀 알 길이 없다.

바울이 고린도 교회를 세운지 5년째 되는 해였다. 그 5년 동안에 많은 일들이 고린도교회에서 일어나고 있었던 것이다.

개요

여기 그 5년 동안 고린도교회에 일어났던 대략적인 상황들을 보자.

54년, 바울이 그리스 북부지역에 있을 때행19:1였다. 정확히 같은 시간, 최근에 회심한 한 사람이 그리스 남쪽에 도착했다. 그 사람의 이름은 아볼로Apollos였다. 아볼로는 알렉산드리아에서 철학을 공부한 유대인이었다. 그는 천부적인 그리스철학자인 동시에 탁월한 웅변가였다. 고린도에 온 아볼로는 그의 뛰어난 구약성경적인 지식과 그리스철학을 혼합하여 고린도교회의 신자들을 훈계하였다. 그리스 출신의 고린도교회 신자들은 환호하였다. 하지만 이때 아볼로는 바울이 어떻게 그 교회의 기초를 놓았는지 주의를 기울였어야 했다. 그러나 그는 그렇지 못했다. 그 결과 고린도 교회의 그리스인 신자들은 아볼로가 그들을 지도해주기를 원했다. 또 한 그룹은 베드로가 고린도를 방문했을 때 일어났던 기적과 표적, 그리고 능력위에 고린도 교회가 세워지기를 원했다. 심지어, 세 번째 그룹도 있었는데 그들은 자신들이 바울에게 속해 있다고 주장하였다. 그 외에 아무 그룹에도 속하지 않고 다만 "예수"를 추종한다고 거만을 떠는 그룹조차 있었다.

한 마디로 오합지졸 그 자체였다!

거기에다가, 신자 상호간 소송에 휘말린 사람들, 채식과 육식의 문제로 다투는 사람들, 광장에서 열리는 민회民會에서 여자가 연단 앞에 나아가 연설하는 것이 가능한지 그렇지 않은지로 다투는 유대인조차 있었다. 그래서 교회는 바울에게 자문을 구하는 편지를 보냈다.

교회의 분쟁을 바라보는 바울의 마음은 찢어지는 듯했다.

57년 늦은 봄, 그래서 바울은 고린도전서를 쓰게 되었던 것이다.행19:23 바울은 분열과 혼란에 빠진 고린도 교회에 보내는 긴 편지를 이곳 에베소에 머무는 동안 기록했던 것이다. 이 편지를 누가 고린도에 전달했을까? 우리는 알 수 없다. 하지만 몇 달 후 디도가 두 차례 고린도 여정을 떠나게 될 것이다.

알다시피 이 편지는 그렇게 점잖은 편지는 아니다.

여기서 고린도전서를 읽고 넘어가는 것이 좋다. 고린도전서가 어떤 한 개인의 경건생활을 위해 기록된 편지가 아니고, 당신이나 나를 위해 기록된 편지도 아니라 다만 한 교회에 보내진 서신임을 꼭 기억하라. 이 편지는 한 몸을 이뤄 사는 교회, 1세기 스타일로 심겨진 에클레시아에 적용되는 말씀이다. 당신이 가지고 있는 신약성경에 바울이 이 편지를 기록한 장소[행19:23]에 표시해 두는 걸 잊지 마라. 때는 57년 초여름이었다. 그리고 고린도전서를 썼던 장소는 에베소였다.

디모데가 고린도에서 복귀한 시점이 대략 바울이 고린도전서를 썼던 시점이었다.

57년 봄

바울은 디모데와 에라스도Erastus를 마게도냐로 보냈다.57년 봄, 행19:22 바울 자신은 이후에 거기그리스 북부로 들어갈 생각이었다.

바울이 그가 지금까지 세웠던 교회들로부터 사람들을 추천받아 우선은 빌립보에 집결시킨 후 거기서 그 무리들을 로마로 보내려고 착상했던 것이 이 무렵이었다는 사실을 주목하기 바란다.

빌립보 루디아의 집에 먼저 도착해 기다리던 브리스길라가 곧 이어 들이닥치는 로마에 들어갈 30여명의 형제들을 맞이하는 광경을 떠올려보라. 브리스길라와 30여명의 신자들이 로마를 향해 출발하려던 곳은 빌립보 루디아의 집이었다.

그 동안에, 바울이 고린도에 보내는 첫 편지를 끝내고 펜을 놓았을 때 에베소에서는 연달아 폭동이 일어나고 있었다.

데메드리오라는 은 세공업자silversmith가 바울과 에베소 신자들에 대항하여 폭동을 일으켰던 것이다. 자신들이 흥분하는 정확한 원인도 모른 채, 그들은 미처 완공되지도 않은 2만 4천석의 원형경기장으로 몰려가며 지역 신神 아데미 여신Diana을 연호하였다.

이를 보며 바울은 이제 에베소를 떠날 때가 된 것을 직감하였다. 에베소 사람들을 위해서는 아직 할 일이 더 있었지만, 에베소에서 여덟 젊은이를 훈련시키는 일만큼은 완성하였다.

이 여덟 젊은이들은 바울이 있는 곳에 그림자처럼 붙어 다녔다.

고린도후서와 로마서에 대한
배경이 시작되다

바울은 57년 중반, 고린도 전서를 마쳤다. 그가 펜을 내려놓았을 때부터 고린도 후서와 로마서의 배경이 시작되는 셈이다.

고린도후서

57년 가을 ·· 행19:23-20:4

로마교회에 보낸 편지(로마서)

57/58년 겨울 ·· 행20:1-4, 롬 16장

고린도전서와 후서 사이엔 단 네 달의 시간간격이 있다. 그 네 달은 바울의 인생에서 가장 분주하고 복잡한 시간이었다. 로마서와 고린도후서는 둘 다 매우 짧은 기간에 기록되었기 때문에 두 서신서는 같은 기록 배경을 갖는 셈이다. 두 편지의 배경을 읽다보면 겹치는 사건들이 많음을 알게 될 것이다. 고린도후서가 로마서보다 한두 달 앞서 기록되긴 했지만 그래도 로마서의 초기 배경부터 시작해보자.

1. 누가가 우리에게 제공하는 고린도후서에 대한 단서는 거의 없고 로마서에 대한 배경도 극히 미비하다.
2. 다행히 두 편지 자체가 우리에게 많은 정보를 제공하고 있으니 조심스럽게 끼어들어invert 편지를 받아보고 그것을 보낸 사람에 반응해보

자!mirror

바울의 인생 중 가장 바쁘게 보냈던 몇 달간의 일정

당신이 이제 읽게 될 모든 내용들은 불과 네 달 만에 일어난 일들이다.

에베소를 떠나기 전, 바울은 브리스길라에게 에베소에 있는 그녀의 집을 팔고 먼저 빌립보로 가서 자신이 도착할 때를 기다려 달라고 부탁했다. 바울이 도착하면 뒤이어 제국 전역에서 달려온 최소한 30명의 신자들이 빌립보로 집결할 예정이었다. 이들 모두가 로마로 진군할 병사들이었다! 그래서 브리스길라와 아굴라가 먼저 빌립보에 도착했다. 그 다음 바울과 여덟 형제들이 왔다. 행20:1-3

약 30명의 신자들도 속속 도착하기 시작했다. 만약 루디아의 집이 집결 장소였다면 그녀는 여주인으로서 완벽한 접대를 했을 것이 틀림없다. 단 그녀가 시키는 대로 한다면 말이다. 행16:15b

이제 브리스길라가 로마에 들어가 집을 사 두기 위해 그리스를 떠날 시간이 되었다. 로마에 도착하면, 그녀는 곧 로마에 있는 그녀의 집의 위치를 자세히 적어 빌립보에 편지할 것이고 30명의 신자들은 그녀가 보내준 약도를 따라 로마로 향하게 될 것이다.

브리스길라와 아굴라는 디라키움Dyrrachium의 항구도시에 다다를 때까지 서쪽으로 그리스를 가로질러 갔다. 빌립보에서 디라키움까지는 400km이다. 그들은 거기서 이탈리아 브린디시Brundusium로 가는 배에 승선했다. 디라키움에서 브린디시까지 약 167km이다. 거기에서 두 부부는 로마 북쪽으로 들어갔다.

바울의 여덟 젊은이들은 이 모든 드라마를 지켜보고 있었다. 그리고 바울이 어떻게 이런 생각을 해낼 수 있었는지, 어떻게 그 많은 사람들이 이 계획을 수행하러 몰려들 수 있는지 궁금히 여겼다.

바울이 빌립보에 머물렀던 이유는 아예 처음부터 성숙한 교회를 로마에 심기 위해서였다. 로마에 들어가 씨를 뿌리고 그 씨가 자라 교회가 되기를 기다리는 방식이 아니라 이미 다 자란 교회를 포장해서 로마로 보내려했던 것이다. 자신이 로마에 직접 들어가지 못할 경우를 대비해 자신을 대신할 성숙한 신자들을 그곳에 보낼 작정이었던 셈이다. 30명의 신자들은 이미 교회생활을 경험했고, 그들 대부분이 다양한 지역에서 모여든 이방인이기 때문에 로마에 세워질 교회에 완전히 적합한 사람들이었다. 로마는 이방나라이고 다양한 인종과 문화의 도가니 같은 곳이 아니던가!

여기서 우리는 당신의 교회를 친히 세워 가시는 하나님의 네 번째 방식을 보게 된다. 이 "로마식 교회개척 방법"을 우리는 예루살렘 방식과 정 반대의 방식으로 규정할 수 있을 것이다. 예루살렘 방식의 교회개척은, 예루살렘이라는 한 교회에서 많은 사람들이 흘러나와 다른 여러 장소에 예루살렘 계통의 교회를 세우는 방식이었다. 그러나 로마에 교회를 세우는 바울의 방식은 이와 반대로 여러 지역에서 모인 사람들이 한 도시에 집결하여 다양한 방식의 믿음을 표현하는 이방교회를 세우는 것이었다.

바울로부터 편지를 받은 로마서 16장에 나오는 30명의 특별한 신자들

57/58년 겨울에 기록됨

로마에 보낸 바울의 편지에서 그가 일일이 호명했던 사람들을 바울은 친밀하게 알고 있었다. 이 신자들은 로마제국 전역에서 나아왔고 바울은 빌립보에서 그들과 조우했다. 그들이 브리스길라와 아굴라 부부를 따라 로마로 들어갈 시간이 되었을 때 바울은 디라키움까지 그들과 동행했다. 빌립보에서 디라키움까지는 400km이다.

이 사람들의 이름을 공부하면서 우리는 많은 사실들을 알아낼 수 있다. 그들의 이름 속에는 그들의 사회적 신분은 물론 출신지역에 대한 정보까지 들어있다. 이런 연구는 로마의 인구조사 기록물들이 아직도 남아있어 가능한 작업들이다. 그들 중 많은 이들이 노예의 이름을 가지고 있거나 아니면 해방된 노예들이었다.

바울은 이들 각 사람에게 편지를 보내 로마로 들어가 줄 것을 부탁했다. 초청에 응한 사람들은 우선 빌립보에 집결해 바울을 만나기로 되어 있었다.

로마서 16장의 이름들에 대한 고찰

빌립보에 집결했던 신자들은 누구였을까? 첫째, 브리스길라와 아굴라 부부가 있었다. 그들은 로마를 향해 먼저 빌립보에서 출발했다.

그 외엔?

바울은 에베소 교회의 에베네도Epaenetus에게 로마에 들어가 줄 것을 부탁했다. 에베네도는 로마에 새롭게 정착하는 신자들에게 에베소교회에서 있었던 모든 일들을 말해 줄 수 있었다. 그가 에베소 교회에서 처음 익은 열매first living stone였기 때문이다.롬 16:5-역주

바울은 그들 모두를 잘 알고 있었다.

안드로니고와 유니아는 멀리 예루살렘에서 로마로 들어갔다. 이 두 사람은 바울의 회심사건을 포함, 30-44년 사이에 일어났던 모든 일들을 로마교회와 나눌 수 있었다. 그들은 바울의 친척들이었다.

로마서 16장에서 바울이 사용하는 용어들을 보라: "나의 사랑하는…동역자…인정받는 사람…나의 친척." 그는 이 사람들을 모두 잘 알고 있었던 것이다!

그는 나깃수Narcissus라 불리는 다국적 기업에서 일자리를 얻은 신자 그룹뿐 아니라 아리스도불로의 가족들에게도 안부를 전하고 있다. 쌍둥이임이 분명해 보이는 드루배나 드루보사와, 주안에서 열심히 일했던 버시도 언급된다. 그 다음 바울이 떠올린 사람은 루포였다. 루포는 로마교회의 일원이 되기 위해 안디옥교회에서 출발했다. 그는 자신의 아버지가 주님의 십자가를 대신 지고 겟세마네로 올랐던 이야기와 안디옥에 교회가 세워질 때 협력했던 일, 그리고 바울이 안디옥에 머물 때 그의 집에서 어떻게 지냈는지에 대해 로마 교회의 신자들과 나눌 수 있었다. 루포의 어머니가 그녀의 아들과 함께 로마에 오르는 긴 여정을 상상해보라. 루포의 어머니는 그 지역의 전형적인 이름을 가지고 있었다. 그녀의 이름은 "시몬의 부인"이었다.루포에겐 알렉산더라는 형제가 있었는데 요한 마가는 이 네 가족들 모두를 알고 있었던 것 같다. 그는 그가 쓴 복음서에서 이들을 언급한다. 누가 또한 그의 복음서에서 그들을 언급하고 있다!

다섯 젊은이

단체로 로마에 들어갔던 다섯 명의 형제들에게도 바울은 안부를 전한다. 바울이 언급했던 가장 흥미로운 사람들 중의 하나는 네레오와 그의 자매들이다. 네레오의 자매들 이름은 발음하기 힘든 이름이었거나 바울이 그들의 이름을 잊어버린 듯하다! 올름바는 많은 사람들을 이끌고 로마에 들어간 것으로 보인다.

우리가 기억하고 있어야 할 사실은 바울이 에베소에서 훈련시킨 여덟 젊은이들도 바울과 함께 에베소에 남아 있었다는 사실이다. 이들 역시 빌립보 루디아의 거실에서 바울이 지금 언급하는 이 30명의 신자들을 처음 알게 되었을 것이다. 바울이 로마서를 쓸 때 디모데와 소바더는 그들에 대한 자신들의 사랑을 전하고 싶어 안달했다.

이 모든 형제자매들이 빌립보에 집결하여 로마로 진군할 준비가 되었을 때 바울은 이들과 함께 그리스를 가로질러 디라키움Dyrrachium까지 동행했다. 그곳에서 작별인사를 나누며 바울은 자신의 계획을 이렇게 밝혔을 것이다. "빌립보로 돌아가자마자 저는 여러분에게 꼭 필요한 장문의 편지를 보내겠습니다. 내가 달마디아에 올라갔는지의 여부도 그 편지에서 말씀드리겠습니다." 약속했던 대로 바울은, 우리가 오늘 로마서라 부르는 그 장문의 편지를 보냈고 그가 밝혔던 대로 달마디아일루리곤에 이르렀음을 그들에게 전했다.

여덟 명의 동역자들이 지켜보다

에베소에서 훈련받은 여덟 명의 동역자들은 바울이 로마로 향하는 30명의 신자들과 작별 인사를 나눌 때 계속 바울과 함께 있었고 그 다음에 달마디아로 올라갔다가 다시 길을 되짚어 빌립보로 돌아왔다.

벅차게 진행되었던 네 달간의 일정이 이제 막 끝나가고 있었다. 하지만 바로 이때 바울은 스스로를 절망가운데 빠뜨릴 사건을 저지르고 만다. 고린도교회가 그의 편지를 어떻게 받아들였는지 알고 싶어 견딜 수가 없었던 바울은 빌립보에서 디도를 고린도로 보내 고린도교회의 상황과 바울에 대한 그들의 반응을 살펴달라고 부탁한다. 그렇게 디도를 고린도로 보냈는데, 그 이후 디도가 행방불명된 것이다. 바울은 그리스를 넘어갔다가 달마디아에 들린 후 다시 빌립보로 돌아와 루디아의 집에 머무는 중이었다. 원래 계획으로는, 로마에 정착하기 시작한 순례자들에게 그곳에서 편지를 쓸 참이었다. 다시 말하면, 바울은 거기 빌립보에서 로마서를 쓸 참이었다. "하지만 사탄이 방해하였다." 이건 또 무슨 말인가? 바울의 이 진술은, 디도가 단검단에게 살해되었을지 모른다는 두려움과 고린도교회에 보낸 그의 편지를 두고 자신이 깊은 시름에 잠겼었다는 의미이다. 고린도와 북 그리스 쪽의 교회들은 물론 드로아의 교회들 역시도 디도에게 무슨 일이 생겼는지 전혀 모르고 있었다. 바울은 "절망스런 삶의 상태"에 빠졌다.

살 소망까지 끊어지고

당시 일곱 명의 형제들은, 그들이 사랑하는 바울이 "살 소망까지 끊어진 모습"[despair of life: 고후1:8-역주]을 지켜보며 무슨 생각을 했을까? 그것은 영원한 궁금증으로 우리에게 남아 있다.

마침내 디도는 다시 나타났고 바울은 북받친 그의 감정을 주체하지 못했다. 디도는 바울의 또 다른 두려움도 거두어 냈다. 즉 고린도 교회가 여전히 그를 사랑하고 인정한다는 속 시원한 답도 가져온 것이다. 고린도교회는 베드로가 아닌, 그리고 아볼로도 아닌, 바울을 여전히 따르고 있었다. 그리고 여전히 그를 교회의 개척자로 인정하고 있었다.

바울은 넘쳐나는 기쁨을 주체하지 못했다.

57년 늦가을이나 겨울쯤에 일어난 일이었다.

고린도후서

바울이 고린도에 보내는 두 번째 서신, 즉 고린도후서를 써서 다시 한 번 디도 편에 고린도교회로 전달한 것이 이 시점이었다. 이 편지는 독특했다. 열정적이고 사적인 편지이다. 바울이 이런 편지를 쓴 적이 없기 때문에 우리는 20여 년간의 삶과 사역에서 그가 겪었던 고난과 편지를 쓸 무렵까지 무려 세 번의 파선, 편지를 쓸 무렵까지 무려 여덟 번이나 얻어맞은, 끔찍스러우리만치 혹독했던 그의 여정, 그리고 그가 당했던 모험과 소문, 부당한 대우, 믿을 수 없는 그의 인내력 등에 대해 이 편지가 아니면 거의 알 수 없었을 것이다.

> 당신이 이제 고린도후서를 읽었으므로 아무나 붙잡고 바울이 몇 번이나 난파를 당했는지 실제 물어보라. 그 대답은 "세 번"일 것이다. 이것이 바로 성경을 고지식하고 1차원적으로 읽은 결과이다. 이것이 바로 뒤죽박죽으로 배열된 신약성경을 그대로 읽기 때문에 일어나는 결과중의 한 예이다. 정확한 대답은 "네 번"이다. 바울이 이 고린도후서를 쓰고 나서 또 한 번의 파선을 경험했기 때문이다. 고린도후서는 57년 겨울에 마무리되었다. 그리고 그가 고린도후서에서 세 번의 파선을 경험했다고 밝힌 후 5년 뒤인 62년 11월, 네 번째 파선을 경험한 것이다.

이 사람은 "고통의 한계점"도 안전한 장소도 도통 모르는 사람이었다. 우리는 바울이 감당했던 그런 여정을 시도한 사람도, 그처럼 적대자를 격동시킨 사람도 알지 못한다. 바울은 이 '가시'를 이 '사람[남자]'로 지칭했고, '그것'이 아닌 '그'라고 표현했다!

격동의 네 달을 보내고 나서 바울은 일곱 형제들과 누가를 데리고 고린도에 들어갔다. 거기 고린도에서 세 달을 머무르며 바울은 마침내 로마의 신자들에게 약속했던 편지를 "새롭게" 시작했을 것이다.

"사탄이 방해"했지만, 단지 방해만 했을 뿐 바울을 중단시키지 못했음을 주목하라.

이렇게 해서 고린도후서와 로마서의 배경이 끝났다. 두 서신, 고린도후서와 로마서 사이엔 단지 세 달의 간격이 있을 뿐이다. 그래서 두 편지는 같은 배경을 가지고 있다.

우리는 고린도전서와 후서, 그리고 로마서가 기록되는 그 사이 발생했던 일들을 배웠다. 바울이 고린도전서를 기록한 후 그 다음 두 편지를 기록하기까지의 사건들을 잘 알아두는 것은 두 편지를 이해하는데 절대적으로 필요하다. 그리고 우리는 지금까지 그렇게 해오고 있다!

57년 늦가을

그리스 빌립보에서
바울이 고린도인들에게 보낸 편지인,
고린도 후서를 이제 읽을 시간이다.
사도행전 20장 1−3절이
그 시점과 장소이다.

로마서를 보는 또 다른 관점

로마서가 기록되는 과정을 공부하며 우리가 놓치지 말아야 할 부분이 있다. 낯익은 고린도 성문을 통과할 때, 바울 옆에는 에베소에서 훈련받은 여덟 도제와 의사 누가가 동행하고 있었다. 바울이 고린도 교회를 다독여 다시 한 번 그리스도 중심의 에클레시아로 회복시키는 모든 과정을 이 여덟 도제들은 눈으로 보며 배우고 있었다. 또한 이제 막 세워지는 어린 교회, 하지만 이미 성숙한 로마교회에 굳게 약속했던 편지를 쓸 때에도 여덟 도제들은 바울과 함께 있었다.그들은 그 서신의 내용에 깊은 감동을 받았다 한 겨울 엄동설한, 뵈뵈라는 자매에게 편지전달을 부탁하는 바울의 대담함을 그들은 모두 지켜보고 있었다.

분주했던 네 달을 다시 돌아보기

네 달이라는 짧은 시간동안 너무 중요한 일들이 많이 일어났기에 우리는 그 일정들을 다시 한 번 정리해볼 필요를 느낀다.

성경학자들은 종종 행20:1-4안에 얼마나 많은 일들이 일어났는지를 주목해왔다. 그리고 누가가 그 많은 일들을 단 네 줄로 압축한 이유를 궁금히 여겨왔다. 거기에 대한 내 사견은? 그날 누가는 바빴다. 그래서 그렇게 압축했을 것이다!

브리스길라, 바울, 그리고 여덟 명의 젊은이들과 각 지역에서 모인 삼십 명의 신자들이 빌립보에 집결했다. 브리스길라는 먼저 배를 타고 로마로 떠났다. 그리고 그녀의 집이 로마 어디쯤에 위치해 있는지, 어떻게 찾아와야 하는지를 자세히 설명하는 편지를 보내왔다. 편지를 받고 바울과 여덟 도제, 그리고 삼십 명의 신자들은 그리스 디라기움 항구를 향해 서쪽으로 걸어갔다. 거기서 삼십 명은 배를 타고 아드리아해를 건너 이탈리아 브린디시로 가서 도보로 로마에 들어갔다. 아직 그리스에 남아있던 바울과 여덟 형제들은 가까운 달마디아 지역을 방문했다. 그런 다음 다시 빌립보로 복귀했다.

거기서 바울은 디도를 고린도로 보냈다. 그런데 디도가 사라졌다. 시카리파가 그 지역에 깔렸다는 소문이 돌았다. 바울은 디도가 살해되었다는 두려움에 떨었다. 그러나 마침내 디도는 고린도로부터 좋은 소식을 가지고 빌립보로 돌아왔다. 바울은 고린도교회에 편지를 써57년 가을 한 번 더 디도 편에 편지를 고린도에 전달했다. 그 다음 바울은 빌립보를 떠나 마게도

냐 지역의 교회들을 돌아본 후 고린도로 내려갔다. 고린도에 도착한 직후 바울은 오래 지연되어왔던, 우리가 오늘날 로마서라 부르는 불멸의 서신을 작성하였다. 그리고 뵈뵈Phoebe편에 그 편지를 로마교회에 전달했다.

로마서! 이 서신이 담고 있는 독특함

이제 우리는 로마 브리스길라 집의 거실에서 모이는 "새 로마인" 신자들에게 바울이 보냈던 서신의 배경을 닫아야 할 시간이다. 이 "새 로마인"들은 실제로 갈라디아, 그리스, 소아시아, 시리아, 그리고 유대 출신의 신자들이었다.

로마서는 바울의 다른 서신들과, 그리고 다른 사람이 기록한 어떤 서신들과도 다르다. 하나의 예를 들면, 로마서는 고대에 기록된 서신들 중 가장 긴 서신일 것이다. 고대에 문서 하나를 작성하는 것이 얼마나 어려웠을지 아는 사람은 이 편지를 쓰는데 한 달이 걸렸을 것이고 이후에 한 두 개의 사본이 더 복사되었을 거란 사실도 알 것이다.

바울은 그의 편지가 에클레시아의 일원이 되려는 모든 사람들에게 이후에도 계속 읽혀지는 문서가 되기를 원했다. 그래서 바울은 우리 모두를 위해, 그리스도인의 삶에 대한 모든 측면을 다루었고 어떻게 교회생활을 경험할 수 있는지에 대해 서술했다.

바울은 이 편지를 고린도 근방에 사는 뵈뵈Phoebe에게 건넸다. 뵈뵈의 고향인 겐그레아Cenchrea는 고린도 동쪽에서 9.5km 떨어져 있었다.

로마서의 뒷무대가 끝났다.

58년 초겨울의 일이었다.

이제 로마서를 읽을 시간이다.

58년, 매우 이른 겨울에 기록되었기 때문에

그 해 58년에 일어났던 나머지 사건들은

로마서를 다 읽은 후에 다룰 것이다.

사도행전 20장 3, 4절

기록된 시기: 58년 이른 겨울

로마서를 이렇게 읽으면 좋다

로마서를 읽기 전에 당신이 알아야 할 한 가지 사실이 있다. 로마서는 바울이 썼던 서신 중, 제일 마지막 장을 먼저 읽고 다시 처음으로 돌아와 첫 장부터 읽어야 할 유일한 서신서이다.

마지막 장인 16장에는 바울이 로마에 파견했던 친구들의 명단이 나온다.

그 후에, 1, 2, 3, 9, 10, 11장을 읽으라. 이 장들은 유대인이나 헬라인 모두 구원이 결핍된 사람들임을 알려준다. 그 다음 4, 5, 6, 7, 8장을 읽으라. 이 장들은 그리스도인의 삶에 대해 다룬다. 12-15장은 바울 자신이 경험했던 문제들과 이방 교회들이 교회생활 중에 씨름했던 거의 대부분의 문제들을 다루고 있다. 교회생활을 실제로 경험하려는 이들이 맞이하는 문제는 모두 비슷하지 않을까!

전통적인 모임의 방식을 벗어나 믿음생활을 영위하는 모든 그리스도인들은 12-15장을 특히 주의 깊게 읽어야 할 것이다. 그리고 감히 교회를 세운 후 에클레시아 스스로에게 그 교회를 맡기고 떠날 준비가 된 사람들, 감히 바울의 방식을 따르기로 결심한 이들은 바울이 편지를 끝내며 교회에게 주었던 마지막 조언을 특히 주목해 읽어야 할 것이다.

58년

사도행전 20–22장

고린도에서 로마에 편지를 보내고 난 후, 바울은 많은 계획을 세우고 있었지만 실제로 그가 자유의 몸으로 살게 될 날은 몇 달 남지 않은 상태였다. 그는 남은 삶의 대부분을 옥에서 보내게 될 터였다.

다음 여정은 … 예루살렘?

누가와 여덟 명의 젊은이들은 이제 관광을 해볼 참이었다! 바울이 그들을 예루살렘으로 데려가기로 약속했기 때문이다.

그런데 이 여행계획에 갑작스런 변화가 생겼다.

단검단이 들이닥친 것이다.

시카리파는 오랫동안 바울을 탐색해왔다. 그들은 바울이 예루살렘으로 항해하려는 찰나 드디어 고린도까지 들이닥쳤다. 바울은, "이 살해당할 위험에서 어떻게 벗어날까?"라는 단 한 가지 문제에 봉착했다. 도대체 어째서 이 사람 바울은 이 먼 그리스까지 자객을 불러 들일만큼 미움 받는 존재가 되었을까? 그 대답은 바울이 갈라디아에 보낸 편지, 즉 갈라디아서에서 찾을 수 있을 것이다. 더 분명한 이해를 위해 우리 잠시 이스라엘에서 일어났던 일들을 살펴보자.

이스라엘

이스라엘은 폭발 직전에 있었다. 당신도 그 자리에 있었다면 당장이라도 봉기가 일어날 것 같은 분위기를 감지했을 것이다. 총독 벨릭스는 중요 도로들을 통제하려 안간힘을 쓰고 있었다.

매 달 새로운 유대 선지자가 등장했다. 거기에다 벨릭스가 은근히 뇌물을 챙긴다는 공공연한 사실은 그에 대한 유대인들의 경멸을 가중시켰다. 58-60년 즈음, 대제사장은 실제 그가 구명하려는 한 무리의 죄수들을 석방시키기 위해 벨릭스에게 뇌물을 바쳤다.

시카리파는 주도적인 정치세력 집단으로 성장해가고 있었다. 이 단검단 원들은 공개적으로 갈릴리에서 활동하다가 더 최근에는 유대에서조차 정치적인 영향력과 세력을 과시하며, 그들이 선정한 암살 대상자를 위해 여전히 "기도를 올린 후" 그들을 추적하여 암살하는 비밀결사조직체로 활동하고 있었다.

그리고 이때, 긴장감에 쌓여 있는 것은 로마도 마찬가지였다.

로마, 황제, 그리고 모친살해

로마에선 이제 스무 살이 된 황제, 네로가 끊임없는 잔소리로 자신을 통제해 들어오는 모친 아그리피나에게 극도의 환멸감을 느끼고 있었다. 네로의 모친 아그리피나는 그녀의 소견에 황제가 해야 한다고 여기는 일들을 강제하기 위해 왕좌가 있는 공식 알현실에 들어오는 일조차 마다치 않았다. 그때 그녀의 운명이 결정 나버렸다. 아그리피나는 그녀에게 사형을 내렸다가 이후 유배를 명했던 오라버니칼리굴라를 잊은 듯 했다. 더구나 네로는 딱히 온순한 성품도 아니었다. 무자비한 황후는 자신보다 훨씬 더 무자비한 아들을 낳았던 것이다. 아그리피나가 생명을 유지할 날은 이제 일 년도 채 남지 않았다. 사람을 죽였던 여인이 이제 막 살해될 참이었다.

이런 맥락을 유지한 채로 고린도로 돌아가 보자.

고린도 벗어나기: 암살자를 따돌리기 위한 방법

갈릴리와 유대에서, 그리고 이젠 이방 세계에서도 유대인은 안전을 장담할 수 없었다.

그리고 바울은 이미 시카리파가 암살하기로 작정하고 "기도를 올린" 사람이었다.

바울의 생명을 건지기 위해 그리스도인 형제들이 택한 방법은? 단검단원들로 하여금 고린도의 바울이 드로아에 가는 배에 승선했다고 믿게 만드는 것이었다. 대신에 실제 드로아 행의 배에는 바울이 빠진 여덟 형제들만 승선하였다. 드로아는 에게 해海 바로 맞은편에 있었다. 단검단원들은 바다위에서 바울을 제거하리라 기대하며 여덟 형제들을 따라 그 배에 승선했다. 이 사이 바울은 누가만 대동한 채 고린도를 몰래 빠져나와 내내 걸어서 빌립보까지 이동했다.

암살단원들은 바울이 드로아로 가는 배에 올랐다고 철석같이 믿었다. 배가 소아시아의 드로아에 닿았을 때 그들은 자신들이 속았다는 사실을 발견했다. 헌신된 유대인들이 오순절을 지키기 위해 예루살렘으로 향하고 있었기 때문에 그들은 떠날 수밖에 없었다.

여기 주목해야 할 것이 있다. 시카리파는 이제 여덟 형제들을 주시하기 시작했다! 특별히 그들이 기억해 두었던 얼굴은 드로비모Trophimus였던 것 같다.

결국 시카리파와 바울은 한 번은 마주쳐야 할 외길로 들어서고 있었다.

시카리파로선 바울을 찾아내든지, 이 여덟 젊은이들을 감시하든지 둘 중 하나만 하면 되는 셈이었다. 여덟 명의 젊은이 중 어느 누구라도 예루살렘에서 발각되는 날이면 바울이 그 주변에 있을 거라는 사실을 알아차린 것이다. 끈질긴 시카리파는 적어도 이 여섯 명의 무할례자들이 바울과 함께 예루살렘에 오를 것이라고 짐작했던 것이다.

바울과 누가는 58년 4월에 빌립보에 도착했고 그곳에서 유월절을 지켰다.^{행20:1-7}

그리고 바울은 빌립보에서 드로아에 가는 배에 올랐는데, 여덟 명의 형제들이 거기서 바울을 기다리고 있었다. 빌립보에서 드로아까지는 약 241km이다. 누가는 배로 에게 海를 건너 드로아에 닿는데 5일이 걸렸다고 우리에게 증언한다. 단지 이틀정도의 여정이면 충분한 거리인데 기상이 안 좋았던 것일까, 아니면 네 번째 난파를 당했던 것일까?

바울의 말씀을 듣던 한 청년이 창밖으로 떨어졌다가 소생하는 사건이 발생한 드로아를 방문한 후 바울은 자신을 기다리는 적의로 가득 찬 도시, 예루살렘에 들어갈 준비를 한다.

그는 자신의 여덟 젊은이들을 한 번 더 배에 오르게 한 후 자신은 뒤로 빠진다. 여덟 형제들이 이번에 승선한 배는 밀레도Miletus로 가는 배였다.^{약 290km} 그리고 바울과 누가는 드로아에서 도보로 밀레도에 이르렀다. 드로아에서 밀레도까지는 515km이다. 이 모두가 그들을 따라붙을지도 모를 단검단원들 때문에 내린 결정이었다.

바울은 밀레도에서 여덟 도제들과 다시 만났다. 거기에서 그는 확실한 정보를 입수한다. 그는 이스라엘에서 가장 미움 받는 사람이 되어 있었다. 그럼에도 불구하고 바울은 자신을 적대시하는 그 한복판으로 들어가리라 마음을 굳혔다. 왜 그랬을까? 이방인교회와 유대인교회 사이의 위태로운 연합과 일치를 지켜내기 위해서였다. 가장 좋은 방법은 자신이 완전한 유대 정통주의자임을 모든 사람들 앞에서 증명하는 것이었다. 물론 시카리파와 열심당원Zealots들은 믿지 않을 것이다.

바울이 갈라디아에 보낸 편지, 갈라디아서의 사본이 예루살렘에도 도착한 것일까? 만약 그렇다면, 강경파 바리새인들은 바울을 공격할 좋은 구실을 얻은 셈이다. 갈라디아서는 언뜻 보기에 반 모세주의자로 보이기 십상이었다.

한편 암살단원들의 눈은 언뜻 보기에도 이방인인 것이 분명해 보이는 여덟 젊은이와 의사 한 사람, 그리고 약 60세 정도의 남루한 유대인을 찾느라 군중들 속을 예리하게 살피고 있었다.

이스라엘처럼 반란과 봉기로 비틀거리는 나라가 앞으로 6년을 더 지탱할 거라곤 믿기 힘들었다. 바울이 에베소교회 장로들에게 말한 것은 그것이었다.

그가 에베소교회의 장로들과 만나던 때 그 교회는 4년 된 교회였다.58년 늦봄 신약성경 전체에서 가장 감동스러운 장면중의 하나가 바로 여기 밀레도 해변에서 펼쳐진다.행20:17 오늘날 이 본문은 장로들을 추켜세우는데 인용되곤 한다. 그러나 이후 바울은 디모데에게 말하길 "소아시아의 모든 이들우선 에베소이 나를 버렸다"고 말한다. 바울을 배신한 이들 속에 포함되는 것이 그렇게 추켜세울 만한 일일까?

바울은 에베소인들에게 마지막 작별을 고한다. 혹 그들 중 바울을 다시 본 사람이 있다면, 67년, 바울이 로마 감옥에 구금되었을 때 방문했던 소아시아 출신 몇 사람 중 하나일 것이다.

바울은 거기서 예루살렘으로 올라가겠다고 천명했다. 자신의 부르심을 완수하기 위해 흔들림 없는 결심을 곧추세우는 노 사도를 여덟 형제들은 지켜보고 있었다. 바울은 오직 유대인교회와 이방인 교회의 연합을 지켜내려는 한 마음뿐이었다. 그가 밀레도를 떠나 죽을지도 모를 돌레마이Ptole-mais로 굳이 여정을 진행하려는 의도가 바로 그 때문이었다. 밀레도에서 돌레마이까지는 약 1122km이다.

그들은 돌레마이에서 가이사랴 해변으로 59km를 항해했다. 바울 곁에는 여덟 형제와 누가가 동행하고 있었다.^{행21:7-15}

이 사람들이 받았던 "신학교육"을 생각해보라!!

1차로 고린도에서 바울을 죽이려 시도했던 이들과 2차로 소아시아에서 그를 암살하려던 사람들은 이제 감히 성도聖都로 들어가려는 바울을 예의 주시하고 있었다.

때는 58년 5월이었다.

네로와 바울이 죽음을 10년 앞둔 시점이었다. 이스라엘의 총독 벨릭스는 2년의 통치기간을 남겨두고 있었다. 예루살렘의 대제사장은 네데바우스 Nedebaeus의 아들 아나니아였다. 그는 바울의 죽음을 원했지만 자신이 원하는 것을 위해 아무것도 할 수 없고 바울의 마음을 돌리지도 못할 것이다.

예루살렘에 도착해서 바울은 교회 지도자들을 만났다. 그들은 바울이 맹목적으로 미움 받는 현실을 포함하여 예루살렘 내의 테러와 긴장감, 그리고 상황의 엄중함을 바울에게 고지하였다. 그들이 내어놓은 조언은? 바울이 모세의 율법과 유대전통에 헌신되어 있다는 사실을 극적으로 보여주자는 것이었다. 예루살렘 지도자들이 바울에게 제안한 해결책은 이러했다. 이제 바울은 헌신을 준비하고 있는 다른 유대인 몇 명과 함께 유대인의 맹세를 하고, 머리카락을 밀고, 그 맹세를 이행하기 위해 성전 안으로 들어가야 했다.

한편, 비밀결사조직인 단검단원들의 목표는 바울을 제거하는 것이었다. 그들은 아무것도 아닌 것에서 악을 끄집어내는데 탁월한 사람들이었다. 도시 전체가 겁에 질려 살았다.

까닭 없이 바울의 생명을 노리는 것과 같은 사례는 교회사 속에서 얼마든지 찾을 수 있다. 윤리와도 상관없고, 진실과도 관련 없는 오직 거짓으로!

당신이 하고 싶은 일이 있으면 무엇이든 해도 좋다. 다만 당신이 하나님을 지키겠다는 명목으로는 어떤 일도 하지 말라. 하나님을 보호하기 위해 다른 어떤 사람을 파괴하는 일만은 하지 말라.

바로 여기에 그런 사람들의 이야기가 있다.

소아시아와 고린도에서 바울을 암살하려 했던 이들은 맹세를 지키러 바울과 함께 성전에 들어가는 한 남자를 쏘아보고 있었다. 이 남자는 드로비모Trophimus와 외모가 너무 흡사하였다. 고린도와 드로아에서 드로비모를 눈여겨보았던 사람들은 바울과 함께 유대인의 맹세를 하기 위해 성전으로 들어가는 이 젊은이를 드로비모로 확신하고 소리를 질러대기 시작했다. "바울이 부정한 이방인을 데리고 성전에 들어갔다." "바울이 성전을 더럽혔다."

이 한마디로 도시가 폭발했다. 로마제국이 절대로 금지했던 한 가지 일이 예루살렘에서 벌어지고 있었다. 폭동!

예루살렘 전체가 혼란 속에 빠졌다.

그로부터 얼마 후, 바울은 그에게 달려든 사람들에 의해 찢겨질 지경에 이르렀다.

그때 로마인들이 들이닥쳤고 바울은 폭도들로부터 구조되었다.

마가 안토니 요새Mark Anthony Fortress로 옮겨진 뒤, 바울은 몰려든 군중들 앞에서 말 할 기회를 얻었다. 안토니 요새는 감옥과 군인들의 막사로도 사용되고 있었지만 로마 총독이 그 도시에 출장 나왔을 때는 그의 거처로도 이용되던 장소였다.

59년

사도행전 23-24장

바울이 가이사랴 감옥의 독방에 앉아있을 때 창살 넘어 놀라운 소식이 들려왔다. 로마에서, 이제 스물한 살 된 황제 네로가 악명 높은 그의 어머니를 살해했다는 것이었다.

들려오는 소식에 따르면, 네로가 정부情婦를 얻었고 그것은 그의 어머니 아그리피나의 심기를 건드렸다. 네로는 참을 만큼 참아왔다! 그는 아그리피나와 함께 침몰시킬 배 한척을 만들었다. 하지만 이런! 유감스럽게도 아그리피나는 능숙하게 헤엄쳐 안전하게 해변으로 올라왔다. 이를 전해들은 네로는 자신의 근위대에 그녀를 죽이라 명령했다. 군인들이 아그리피나의 방에 침입하자 그녀는 이렇게 소리쳤다. "먼저 나의 자궁을 쳐라, 그것이 네로를 세상에 내놓았기 때문이다."

네로와 바울은 이제 죽음을 9년 앞두고 있었다.

그날 이후로 네로는 그의 삼촌처럼, 아니 그보다 더 잔혹하고 가학적이고 타락적인 광기를 띠기 시작했다. 삼대에 걸치는 이 악몽 같은 광기에 네로는 한 가지 재주를 더 추가하였다. 그는 자신을 대단한 가수, 위대한 시인, 웅변가인 동시에 배우로 인식했다. 그는 이미 나폴리에서 한 차례의 개인 공연을 가진 터였다. 자신 안에 재능이 전혀 없다는 판단력이 없었으므로 네로는 황제, 망나니, 유명배우로서의 삼차원적인 삶을 살기 시작했다. 로마 전체가 그를 주목하기 시작했다. 어릿광대 하나가 등장하고 있었다.

이스라엘

이스라엘에서 벨릭스의 통치기간은 얼마 남지 않았다. 그는 해임될 상황에 놓여 있었다. 벨릭스는 바울의 문제에 휘말린 채 그의 남은 통치기간을 끝내게 될 것이다. 59년 말, 네데바우스의 아들 대제사장 아나니아48-59는 바울을 고소하기 위해 예루살렘 장로 몇 사람과 더둘로Tertullus라는 한 유명한 변호사를 데리고 가이사랴의 궁전으로 내려왔다. 행24:3-8

바울은 자신을 변론할 기회를 얻어 사람들 앞에 발언하였다. 행24:10-22 바울의 변론을 다 듣고 나서도 자신이 해임될 것을 알고 있던 벨릭스는 별다른 조치를 취하지 않기로 마음먹었다. 그의 통치를 받던 나라가 이제 몰락해가고 있었다.

벨릭스가 곧 물러나고 새 총독으로 베스도Festus가 부임했다. 새로 부임한 총독은 이스라엘 안에 산적한 문제들을 파악하는 것이 어려웠다. 그중에서 가장 이해하기 어려운 것이 바울의 문제였다. 그럼에도 유대인 지도자들은 바울의 문제를 우선적으로 다뤄주는 것이 자신들이 원하는 것임을 새 총독에게 주지시켰다. 바울은 여전히 옥에 구금된 상태였다. 누가는 자신이 앞으로 기록할 문서들을 위해 계속 자료를 수집하며 다니는 중이었다. 어디에서나 이런 귀엣말들이 들려왔다. "우리가 봉기를 일으키기만 한다면 메시아가 나타날 것이다." 그러나 이런 속삭임을 들을 때마다 한 유대인바울-역주만큼은 그의 메시아예수-역주가 했던 이 말을 상기하곤 했다. "이방인의 군대가 예루살렘에 접근하거든, 달아나라!" 눅 20:20-21, 역주

심문받는 바울

58년, 그 해의 남은 날들을 바울은 죄수의 신분으로 헤롯궁전헤롯의 요새. 총독 관저로 사용됨에 구금되어 있었다. 그동안에 벨릭스는 자신의 세계가 무

너지는 것을 알아채고 있었다. 그는 자신이 관할하는 지역을 아예 통제하지 못했다. 바울의 사건과 관련해, 벨릭스는 체포된 후 12일 동안 바울의 말을 들었음에도 어떻게 처리할지에 대한 결정을 애써 미루고 있었다. 바울이 황제에게 상소하는 일이 벨릭스 면전에선 일어나지 않을 것이다. 벨릭스가 모르고 있었던 것 한 가지는 그가 바울을 유대 지도자들에게 내어주었다면 그들이 바울을 죽였을 거라는 사실이다. 만약 그가 바울을 풀어주었다면 그는 멸망 직전의 이 나라에서 거대한 저항에 부딪혔을 것이다. 벨릭스는 지연시켰다. 그가 이스라엘을 다스릴 시간은 단 2년 뿐이었다.

체포된 그 순간부터 그가 죽을 때까지 바울은 사슬에 매어 있었을 것이다. 이후 3년 동안 바울은 이스라엘에서 가장 악명 높은 죄수로 남아 있었다. 행21:27-23:30

체포된 지 5일 째 되던 날, 바울은 잘 다듬은 돌로 지어진 뜰 한가운데 세워졌다. 그 곳에 있는 사람들은 누구였는가? 바리새인과 사두개인들 뿐만 아니라 산헤드린 전체가 모인 자리였다. 바울은 제일 앞자리에 세워졌다. 아나니아는 바울의 뺨을 치라고 명했다.

> 고린도후서가 기록된 지 1년 되는 해였다. 하지만 우리는 묻지 않을 수 없다. "과연 바울의 가시가 여전히 그를 추적하고 있었을까? 바울이 섰던 그 산헤드린 법정에도 그가 있었을까? 이 책의 저자인 나는 그렇다고 믿는다.

죄수로서보단 안전의 위협을 받기 때문에 바울은 요새로 다시 옮겨졌다. 잠든 동안 주님께서 나타나 그의 곁에 서서 말씀하셨던 것 같다. "예루살렘에서 나를 잘 증거 했으니 이제 로마에서도 나를 증거 하게 될 것이다."

마태복음이 기록되다

대략 58-60년경, 마태가 예수 그리스도의 전기문 기록하는 일을 마쳤다. 당신은 마태가 쓴 주님의 전기문을 "마가복음 플러스 알파"로 여겨도 좋다. 마태는 마가가 이미 기록한 예수님의 전기를 읽은 후 주님의 혈통을 포함한 많은 부분이 생략되어 있다고 보았을 것이다. 이 무렵대략 58년경, 바울이 기록한 여섯 개의 서신서; 마가가 이미 기록해 놓은 주님의 전기; 이제 마태가 기록한 주님의 전기가 더해졌으니 신약 성경 27권 중 여덟 권이 존재하게 된 셈이다. 오순절 성령강림 후 30년째 되는 해였다. 19권은 아직 기록되지 않았다.

이스라엘에서 활약하는 누가

우리가 종종 잊는 것은 바울이 자신의 주치의와 동행하고 있었다는 사실일 것이다. 이 의사는 또한 아마추어 작가였다. 누가는 이방인들을 위해 주님의 생애에 대한 새로운 버전의 전기를 쓰려고 애쓰고 있었다. 그는 자료를 수집하기 위해 사도들과 목격자, 그리고 당시 약 78-84세였을 마리아도 인터뷰했다. 죄수로 있던 바울은 아마 마태복음이 기록되었다는 소식을 들었을 것이다. 누가가 새로운 버전을 준비하는 것만큼은 확실히 들었다. 누가가 자료를 수집하러 마리아를 만났을 때, 하늘의 천사가 그녀가 낳을 아들에 대해 말해주던 날 그녀가 불렀던 노래를 누가를 위해 다시 한 번 불렀을 거라고 가정해도 좋지 않을까?

바울의 여덟 도제들에겐 무슨 일이 일어나고 있었을까? 어쨌든 바울은 앞으로 4년 동안을 감옥에서 보낼 것이다.58-61

예수 그리스도의 세 번째 전기를 기록하는 동안 누가는 오순절 날의 이야기와 그 다음해에 있었던 이야기들 역시 수집하고 있었다. 그는 그 이야기들을 하나로 묶을 것이다. 이후 누가에게 또 다른 영감이 떠올랐다!

교회가 심겨지던 첫 해의 이야기들을 수집하면서 누가는 그의 사랑하는 친구, 숱한 오해를 받고 있는 그의 친구바울—역주의 누명을 벗겨줄 필요가 있고, 그를 위한 얼마간의 기록을 남겨야겠다는 생각을 해냈다. 이후, 아마도 로마에 있을 동안, 누가는 바울의 사역과 교회가 세워지던 처음 몇 년 동안의 역사를 한 권의 책으로 묶어볼 생각을 해낼 것이다. 그리고 그는 그 책을 교회개척자들의 행전이라 불렀을 것이다.사도행전을 말함—역주. 누가가 바울을 변호하기 위해 펜을 들었던 이유는 분명하다. 이유야 어찌 되었든 바울은 세상의 어떤 그리스도인보다도 악평에 시달리고 있었다. 그에 대해 회자되는 대부분의 것들은 사실이 아니었다.

바울이 가이사랴 감옥과 이후 로마 감옥에 수감돼 있는 동안, 사랑받는 한 의사가 걸출한 첫 세기의 역사를 길어낼 것이다.

여덟 명의 젊은이들은 당시 어디에 있었을까?

바울에 의해 훈련받은 여덟 젊은이들은 어찌 되었을까? 우리는 알 수 없다. 하지만 바울이 갈라디아, 그리스, 시리아, 그리고 소아시아 교회들로 그들을 흩어 보냈을 가능성이 있다. 이후 바울은 요한 마가를 포함한 그들 대부분을 자신이 수감돼 있는 로마로 불러들였다. 가이사랴엔 두 사람이 머무르고 있었는데 아리스다고와 누가였다. 구속기간 중 바울은 골로새 출신의 에바브라Epaphras라는 놀라운 형제에 대해 듣게 될 것이다.

우리가 생각하는 것 이상의 영향력을 가진 바울

이것을 한번 생각해보라:

바울은 세계 최초의 기독문서, 즉 신약성경 중 최초의 문서를 썼다.

그의 친구인 마가는 최초의 복음서를 썼다.

그의 교회개척 여정의 동지인 누가는 세 번째의 복음서를 썼다.

바울의 절친 누가는 사도행전을 썼는데 그것은 초대교회에 관해 우리가 알 수 있는 모든 것이다.

바울이 베드로를 책망했을 때, 사실 그것은 오늘날의 우리를 할례의 구속으로부터 구한 것인지도 모른다. 그가 아니었으면 예수 그리스도를 믿는 믿음에 할례의 조건이 포함되었을 수도 있다.

그리고 바울은 전체 신약성경 중 절반 이상을 기록했다.

우리는 이제 소문과 살인과 음모, 폭동의 조짐, 그리고 모친살해로 얼룩진 60년으로 접근하고 있다.

60-61년

사도행전 25-26장

바울이 감옥에서 2년을 보낸 후인 60년 초, 총독 벨릭스가 물러나고 베스도Porcius Festus로 교체되었다. 로마에서 배로 출발하여 가이사랴에서 내린 베스도는 유대인 지도자들을 만나러 곧장 예루살렘으로 갔다. 그들의 관심사는 바울이었다. "우리는 바울을 원합니다. 우리는 그를 예루살렘으로 소환하길 원합니다. 이곳 재판정에 그를 세우겠습니다." 그들이 이렇게 주장하는 이유는 간단했다. 일단 예루살렘으로 데려오면 그들은 바울을 죽일 것이다.

그 동안, 바울은 가이사랴에 있었다. 예루살렘에 머무는 동안 베스도는 오직 바울이라는 한 가지 문제로 약 8일을 보냈다. 새 총독은 유대인 지도자들에게 이 해괴한 문제를 잘 조사하겠노라 약속했다. 그리고 가이사랴로 들어갔다. 베스도는 대 제사장과 그 집단들을 가이사랴로 불렀다. 그들은 가이사랴로 내려왔고 바울을 죽이는 것이 그들의 목적이었다. 그 다음 날 베스도는 재판정에 앉아 바울을 끌어내라 명하였다. 단검단원들도 거기 있었을까? 만약 그랬다면, 그들이 그 자리에서 해야 할 한 가지는 단검을 뽑아들고 바울에게 돌진하는 것이었다. 다음순간 번쩍이는 칼날이 그의 머리를 향할 것이다. 그러나 그날엔 그 일을 담당한 사람이 없었다. 그렇지만 '가시'는 그곳에 참여했을 것이다. 우리가 확실히 아는 바는 역사가적인 마인드로 무장한 누가가 그 자리에 있었다는 사실이다.

마침내 바울은 예루살렘의 대적들 앞에 섰다. 바울에 대한 그들의 고소는 구체적으로 입증될 수 없었다. 새 총독은 유대인들의 마음을 사기 위해 예루살렘에 가서 재판받을 의사가 있는지 바울에게 타진했다.

예루살렘에서 심문받는 것은 바울에게 죽음을 선택하는 것이나 다름없었다. 남은 길은 하나뿐이다. 바울에겐 생명도 구하고 로마에도 갈 수 있는 방법이 있었다. 바울은 선언했다. "로마 시민으로서, 나는 가이사에게 상소하겠습니다." 경비원들을 물린 후 베스도는 그의 고문들에게 잠시 자문을 구하였다. 그리고 선언했다. "당신이 가이사 앞에 상소했으니 가이사 앞에 서게 될 것이오."

바울은 마침내 로마 길에 오르게 되었다. 게다가 로마정부의 세금으로 요금이 지불될 것이니 배 삯도 무료였다! 그렇지만 바울의 로마 호송은 즉시 추진되지 않았다. 기다리는 동안 아그립바 2세Agrippa II와 그의 누이 버니게Bernice가 새 총독에게 경의를 표하러 가이사랴에 왔다. 이건 또 무슨 꼴인가! 그들의 허례허식이란! 누가는 이 사건을 직접 목격한 사람으로서 전체 사건을 자세히 진술한다. 젊은 아그립바 2세는 애빌린Abilene이라고도 불리는 갈릴리의 작은 지역을 다스리고 있었다. 그러나 내심 언젠간 그의 아버지처럼 이스라엘 전체를 다스리리라 생각하고 있었다.

여름 즈음에서야 베스도는 로마로 바울을 호송할 배편을 마련했다. 2백여 명의 죄수들이 그 배에 승선했는데 그들 대부분은 원형경기장이나 다른 경기장에서 희생될 것이다.

누가가 바울과 함께 그 배에 올랐고 그의 목격담은 계속해서 우리에게 들려질 것이다. 실제로 누가는 성경에 나오는 다른 어떤 단일사건보다 더 자세하게 그 여정을 기록한다.

데살로니가의 아리스다고 역시 바울과 함께했다. 이때 아리스다고는 죽음을 4년 앞두고 있었다. 정리하면, 그 배에 바울, 의사인 동시에 역사가인 누가, 그리고 여덟 도제 중 한 사람인 아리스다고가 승선했다.

여덟 중 다른 일곱 형제들은 어디에 있었을까? 바울이 구금되어 있던 58-60년 동안, 그들 모두가 유대에서 대기하고 있었을 경우를 상정해볼 수 있지만 그것은 가능성이 희박하다. 아마도 그들 모두가 바울의 명을 받아 제국 내 여러 다른 지역으로 흩어져 복음을 전하고 교회를 일으켜 세우며, 교회가 세워지면 그 교회를 떠나 다른 이방인 교회들을 돌보는 그 일을 계속하고 있었을 것이다. 이 사람들은 그런 일을 하도록 이미 잘 준비된 사람들이었다.

이스라엘

60년, 벨릭스가 총독 직으로부터 물러날 때 시골지역은 이미 산적들에 의해 장악되어 있었다. 그해, 말썽 많은 도시를 떠나 자연에서 살기 원하는 독실한 유대인 집단을 이끄는 유대인 선지자 한 사람이 나타났다.

이후, 새로 부임한 총독 베스도는 말썽이 일어날 것을 두려워하여 이들을 모두 쳐 없앴다. 아그립바 2세에게도 예루살렘을 통치할 약간의 권한이 부여되었다. 그는 예루살렘 성전의 동향을 로마병사들이 잘 살필 수 있도록 자신의 궁전 벽을 더 높이 쌓아올렸다. 그러자 대 제사장 이스마엘[59-61]은 예루살렘 성전 벽을 한 층 더 높게 쌓아 올림으로써 그에 응수했다. 베스도가 지나친 성벽 높이를 제한했으나 이스마엘은 명령을 따르는 대신 로마로 건너가 네로에게 이 문제를 상소했다. 이스마엘은 그가 제기한 문제에서는 승소했으나, 네로는 베스도가 총독으로 있는 동안 이스마엘을 인질로 잡아두라 명령했다.

로마와 제국 내의 정황

네로는 궁극적으로 유대-로마 전쟁을 촉발시킬 한 결정을 막 내리려는 참이었다. 시리아인과 유대인들은 가이사랴 주도主都의 통치권을 놓고 예민하게 다투고 있었다. 네로는 시리아 인들이 약간 유리하게 결정했다. 그 결정은 네로가 취한 사소한 결정이었지만 이스라엘이 로마에 대하여 전면전에 돌입하는 원인이 되었다. 유대인과 시리아인은 가이사랴에서 동등한 권리를 행사했으나 시리아 인들이 유대인들보다 약간 더 유리한 자리를 점하였다!

60년대 초반, 유대인 역사가 요세푸스Josephus는 이렇게 기록했다.

전쟁의 화염이 솟기 시작한 것은 요 근래 몇 년이었다.

네 번째 파선이 다가오다

여전히 60년이 계속되고 있다. 바울은 57년 즈음 고백하기를, 자신이 세 번의 파선을 경험했다고 진술했다.고후 그는 이제 막, 그가 알고 있는 어떤 파선의 경험보다도 더 위험한 파선을 맞이할 배에 오르고 있었다. 바울, 누가, 그리고 아리스다고가 죄수들을 수송하는 배에 올랐다.

로마를 향한 바울의 항해가 시작되다

60—61년 (행27:1-28:31)

가이사랴에서 보낸 바울의 시간과 로마에 도착하기까지의 과정을 우리에게 상세히 전해주기 위해 누가는 거의 두 장 가까운 분량을 할애한다. 이것은 성경에 나오는 단일사건 중 가장 자세히 서술되는 또 하나의 거대 사건이다.

크레타Crete 섬 주변의 페어 헤븐Fair Havens이란 곳에서, 바울은 그 배의 선장에게 항해를 계속할 경우 배가 재앙을 만나게 될 것이라고 예언했다. 그러나 그의 말은 무시되고 배는 멜리데Molta섬 근처에서 산산조각 났다. 바울은 멜리데에서 석 달을 보내게 된다.11-1월 이 항해에 대한 누가의 진술은 60년 8월-61년 1월에 해당한다.

지구상 가장 큰 도시에서 맞이하는 새로운 수감생활

61년 1월 말, 바울과 그 일행은 멜리데를 떠나 로마로 가는 다른 배에 승선했다. 2백 명의 죄수들과 함께 세 사람은 로마에서 그리 멀지 않은 항구도시 보디올Puteoli에 도착했다.198km

바울은 그곳에 몇 몇 신자들이 있음을 알고 로마에 도착하기 전 7일 동안을 그들과 함께 지냈다. 누가는 매우 짤막하게, 그러나 매우 웅변적으로 그 다음의 상황을 증언한다. "그렇게 우리는 로마에 도착했다." 그곳의 형제들은 멀리 트레이스 타베르네Three Taverns까지 마중 나와 세 사람을 맞았다.로마에서 53km 61년 3월, 바울은 드디어 로마에 도착했다.

로마법상 바울은 스스로 빌린 거처에 머물면서 재판을 기다릴 수 있었다. 그때 바울은 최근에 로마로 돌아와 새로 회당을 연 유대인 지도자들과 만났다. 유대인들이 로마에 돌아와 거주하는 것이 이제 허락되고 있었다. 회당 지도자들은 바울에 대해 전혀 들은 바가 없었다. 그들은 바울이 믿는 신앙을 하나의 "종파"로만 알고 있었다.

사도행전이 끝나는 곳에서 바울은 세계 최대의 이방도시 로마에서 성공적으로 이방인 교회를 세워낸다.

누가는 주님의 전기를 기록하는 작업을 계속하고 있었다. 어쩌면 그가 이미 그 작업을 끝냈을까? 바울은 아침부터 저녁까지 자신의 방으로 찾아오는 모든 사람들에게 말씀을 전하고 있었다. 누가는 늘 논란의 중심에서 고역을 치러온 이 바울을 변호하기 위해 획기적인 변론을 준비하고 있었다. 그리고 다른 한편, 교회의 역사를 기록하는 작업도 서두르고 있었다.

그렇게 두해동안 구금되어 있던 바울에 대해 말하면서 누가는 사도행전을 끝낸다. 그 2년은, "내가 가이사에게 상소한다"는 말을 던졌던 한 유대인이 그 말의 결과를 책임지기 위해 사슬에 매여 견뎌야 했던 시간이었다. 또 그 2년은 로마 시민들로 하여금 "내가 가이사에게 상소한다"는 그 세 마디의 말을 생각 없이 던지지 못하게 만드는 시간이기도 했다. 2년 동안 바울은 큰 제약을 받지 않고 공개적으로 하나님 나라를 전파하며 예수 그리스도를 가르쳤고 많은 이들이 그를 찾아와 말씀을 들었다.

사도행전은 왜 그렇게 서둘러 끝났을까? 우리는 알 수 없다. 우리에게 분명한 것은 이후 진행되는 일들의 배경지식을 얻기 위해 우리가 더 이상 사도행전의 도움을 받을 수 없다는 사실뿐이다. 바울이 앞으로 기록할 신약성경의 서신은 아직 일곱 권이 남아있다.

사도행전! 그리고 누가! 우리는 앞으로 이 사람의 도움이 아쉬울 것이다. 다행히 바울이 기록한 서신들과 로마제국의 역사, 그리고 이스라엘의 역사 자료가 이후 6년 동안의 바울의 삶 가운데 일어났던 사건들을 재구성하는 데 도움을 줄 것이다.

여덟 형제들의 대략적인 나이 (60년 당시)

디도: 35 | 디모데: 30 | 가이우스: 37 | 아리스다고: 34

세군도: 34 | 소바더: 34 | 두기고: 31 | 드로비모: 31

우리가 잊지 말아야 할 사람들

누가: 51 | 브리스길라: 38 | 바울: 50

　　우리가 이 이야기 속에 등장하는 중심인물들의 연령대를 아는 것이 얼마나 유익한 정보인지 모른다. 약간의 오차가 있을지라도 이것을 앎으로써 우리는 이 사람들이 성숙해가는 과정과 시간의 흐름에 대한 중요한 느낌을 가질 수 있다. 바울이 디모데에게 "사람들이 너의 연소함을 업신여기지 못하게 하라!"고 말했을 때 디모데의 나이는 35살이었을 것이다. 만약 누가가 바울을 청년이라 불렀을 때행7:58, 역주의 나이가 29살이었다면 60년도의 바울은 53살이 되었을 것이다. 그 짧은 시간동안 어떻게 한 사람이 그리 많은 곤경을 겪을 수 있을까? 바울이 길리기아 다소에서 보낸 숨겨진 시간 5년, 그리고 감옥에서 보낸 3년을 빼고 나면 단지 18년간의 사역기간이었다. 더구나 그는 오늘날 우리가 말하는 "풀타임 기독교사역자"도 아니고 "파트타임 기독교사역자"도 아니라 자신의 생계를 위해 고군분투 했던 사람이었다. 바울은 여가시간을 이용하여 사역을 하는 사람a spare-time Christian worker이었던 것이다.

　　부디 그와 같은 종족이 많아지기만을!

61-62년

사도행전 27-28장

바울이 여러 해를 감옥에서 보내다

바울이 구금되어 있었던 바로 그 도시, 로마의 통치에 대한 히브리인들의 자제력은 한계점에 달하고 있었다. 베스도는 전임 벨릭스보다 별로 나은 것이 없었다.

제국의 중추도시 로마에 앉아 있는 바울의 귀엔 하루 24시간 왁자지껄한 소리들이 계속 들려왔다. 그 소리들은 바울로 하여금 잠을 이룰 수조차 없게 만들었다. 이스라엘 안에서 떠도는 소문들 역시 들려왔다. 무엇보다 바울은 네로에 대해 많은 이야기를 듣게 되었다. 네로는 밤이 되면 폭력배들과 어울려 다니며 괜히 누군가를 두들겨 패는 한밤의 난봉꾼이었다. 그는 그 일을 그저 재미삼아 하고 다녔다. 그가 너무 많은 술을 마시고 지나치게 많이 먹으며 점점 거만해져 간다는 소리도 바울의 귀에 들렸다. 이제 네로는 곧 그의 스승이며 집정관인 세네카Seneca와 부루스Burrus의 영향력에서도 벗어날 것이다. 바울은 네로가 그의 모친을 어떻게 죽였는지도 자세히 들을 수 있었다.

이때 영국제도British Isles에서 보아디케아Boudicca라고 불리는 한 여성 전사에 의해 일어났던 반란의 소식도 바울은 들었다. 그녀를 격퇴시키고 잔인한 승리의 대가로 로마에서 지위를 회복한 로마 장교에 대해서도 알게 되었다.

안나스Annas의 아들 아나누스Ananus가 1년 동안 대 제사장으로 있었던 때였다.62

이스라엘 안에서는, 가이사랴 주도主都의 주도권을 놓고 그리스계 시리아인들과 유대인들 간의 적대감이 자라고 있었다.

그러는 동안, 바울은 자신이 훈련시킨 여덟 형제들 중 몇 명에게 로마로 와달라는 편지를 썼다.

에바브라

바울이 로마 감옥에서 소식을 통해 알게 된 한 형제가 있었다. 그는 소아시아 골로새에 사는 에바브라Epaphras로 자신의 도시에 교회를 일으킨 사람이었다. 에바브라가 에베소를 방문했던 시절, 바울은 그를 그리스도께 인도했던 적이 있었다. 골로새에서 에베소까지는 177km이다.

나는 이 사람 에바브라가 1세기 교회역사 가운데 가장 주목할 만
한 사람 중의 하나라고 생각한다.

로마에서 기록된 골로새서의 배경이
62년도에 시작되다
그리고 사도행전이 끝나다

대략 62년, 사도행전은 28:31절로 급작스레 끝을 맺는다. 우리는 이제 애석함으로 사도행전을 떠나야 한다. 사도행전 28:31절이 마무리된 후 일곱편의 서신이 더 기록될 것이다.

58-62년 동안의 모든 사건들이 골로새서의 배경이 되는데, 특별히 바울이 로마에 도착했던 61년부터 그가 골로새서를 쓰기 위해 펜을 잡게 된 때

까지의 기간이 이에 해당한다.

골로새의 인구는 약 5천이었다.

이 작은 도시에 또 한 사람의 그리스도인이 있었는데 그의 이름은 빌레몬Philemon이었고, 그가 에베소에 방문했을 때 바울이 그를 그리스도께 인도했다. 빌레몬이 노예를 사기위해 에베소 시장에 왔었다는 가정은 어떨까?

로마 감옥 안에서 바울은 에바브라가 골로새에 교회를 세웠다는 소식을 들었다. 그 에클레시아는 빌레몬의 집에서 모였다. 하나의 교회를 세우는 것에 만족치 않고 에바브라는 라오디게아Laodicea와 히에라폴리스Hierapolis에도 복음을 전해 그곳에 두 개의 교회를 더 세워냈다.

골로새에서 라오디게아까지는 13km이고 골로새에서 히에라폴리스까지는 21km이다.

61-62년에 바울에겐 많은 일들이 있었다. 투옥, 로마로의 항해, 파선, 그리고 이제 코앞으로 다가온 황제 네로앞에서의 재판! 이 모든 것들은 한 사람이 세 번의 인생을 살아도 다 경험하지 못할 만큼 많은 사건들이었다. 심지어 감옥 안에서조차 전혀 지루할 틈이 없었다.

62년은 57-58년 가을과 겨울만큼이나 격동으로 가득 찬 해였다.

62년

이 해부터 우리는 더 이상
사도행전의 도움을 받을 수 없다

로마와 제국 내의 상황

네로의 최 측근 집정관 브루스가 네로에게 아내 옥타비아Octavia와 이혼하지 말 것을 간언하였다. 그로부터 얼마 후, 브루스는 독살되었다. 이는 또 다른 교사 세네카의 영향력을 바로에게서 차단하는 결과를 가져왔다. 네로는 세네카에게도 그만 은퇴할 것을 종용했다. 뿐만 아니라 세네카의 막대한 부를 자신에게 넘기라고 말했다. 세네카도 곧 죽었다. 네로는 옥타비아와 이혼하고 그의 정부 포페아Poppaea와 결혼했다. 62년 6월 9일에 네로는 옥타비아를 죽음으로 내몰았다. 티베리우스의 유일한 자손으로 알려진 한 사람을 네로가 살해한 것도 이 해였다. 이제 네로는 두 명의 새 고문관을 두게 된 셈이다. 하나는 간신 티겔리우스Tigellinus와 다른 하나는 포페아! 이 두 사람은 사악한 행동에서 서로 자웅을 겨루었다.

에바브라가 로마로 오고 있었다. 바울은 63년이 되어서야 네로 앞에 서게 될 것이다. 2년을 기다린 끝에!

이스라엘

베스도가 죽은 후, 새 총독 알비누스Albinus, 62-64년가 도착하기도 전에 대제사장 아나니아스Ananias, 62년는 산헤드린을 소집하여 예수님의 형제인 야고보를 처형하였다. 그는 로마의 승인 없이 이 일을 처리했다. 알비누스는 도착하자마자 아나니아스를 파면했다.

야고보가 처형되면서 예루살렘의 유대 신자들은 공포에 떨었다. 그들이 이스라엘을 탈출해야 하지 않을까 고민하기 시작한 것이 바로 이 시점이었다고 보인다. 시카리파는 계속해서 그들의 힘을 키워가고 있었다.

> 시카리는 숫자에서도 늘었고 더 대담해졌으며 그 땅의 전 영역에 간섭했다.-요세푸스

우리는 이제 골로새서로 넘어가 또 하나의 신성한 소a sacred cow를 만나볼 것이다.

63년으로 넘어가기 전, 잠시 멈춰 서서 여전히 살아있는 신성한 소(성역─聖域)를 제거하자.

에바브라는 로마로 가는 중이었다. 바울은 곧 에바브라가 세운 교회에 편지를 쓸 것이다. 여기서 그 교회가 위치한 골로새라는 마을을 좀 더 자세히 보자.

사람들이 이 골로새서 안에 길러오고 있는 매우 신성한 소 한 마리가 있다. 하지만 그들이 찾아낸 그 편지 구절은 그들의 신성한 가르침을 뒷받침하지 않는다. 사람들이 찾아낸 신성한 소란? 오중은사! 신약성경의 서신서 중 하나인 골로새서는 오중은사라는 이 굉장한 용어의 출처가 되고 있다. 그러나 골로새서의 어느 구절을 뽑아내더라도 그 구절이 오중은사에 대한 가르침을 지지하지 않는다.

골로새서가 드러내고자 하는 내용을 자세히 살펴보자. 우리가 만들어낸 많은 현대적 용어들 중 상당부분이 이 골로새서에서 끌어낸 것들인데, 골

로새서는 63년에 기록되었다. 골로새서 전체를 이해하기 위해 다른 어떤 것도 필요 없이 이 골로새라는 동네 자체를 살펴 볼 필요가 있다. 골로새 마을은 인구가 5천명 남짓 되는 조그만 마을이었다. 주민들은 양과 염소를 키우며 생계를 유지했다. 마을 자체가 작고 가난했다.

약 14.4km 정도 떨어진 곳에 위치한 라오디게아Laodicea도 이 편지에서 거론된다. 주지할 사실은 라오디게아가 부유함으로 흥청거리는 교회라는 악평을 얻기 전의 일이다. 요한이 계시록 3장을 기록하면서 이 교회는 그 불명예를 얻게 되었다.

골로새로부터 20km 가량 떨어진 다른 한 곳에 히에라폴리스Hierapolis라는 마을이 하나 더 있었다. 이 세 개의 마을이 서로 삼각편대를 이루고 있었다. 셋 다 모두 조그만 동네였다. 이들 중 두 도시는 특히 가난했다.

한 남자가 세 개의 교회를 세웠다. 그가 이 일을 해냈다는 사실은 거의 불가사의한 일이다. 만약 당신이 라오디게아 교회의 꼬투리를 잡는다면 그 비판은 곧 그 교회를 세운 에바브라에게 돌아갈 것이다. 다른 한편, 골로새 교회를 높이고 오중은사를 정당화하고 싶다면 에바브라와 골로새 마을을 인정해야 한다.

골로새는 작은 마을이다.
결코 콜로세움(Colosseum)이 아니다!

연대기적인 접근에서 벗어나 맥락을 놓쳐버린 학자들의 주장을 우리가 경계해야 할 지점이 바로 여기다. 골로새교회의 신자들이 모인 작은 방, 인구 5천명의 작은 도시에서 빌레몬의 개인 주택으로 지은 이 작은 집! 한 그리스도인의 거실정도에 지나지 않을 그 방에서, 복음전도자 … 오늘날 우리가 생각하는 그런 의미의, 교사 … 오늘날 우리가 아는 그 주일학교의,

선지자 … 오늘날엔 아예 존재하지도 않지만 혹시 있다면, 그리고 목사 … 오늘날 우리가 아는 … .이 오중 사역자들이 그 조그만 방에 둘러앉아 바울의 편지를 읽었다고 생각하는가!? 그런데 현대 복음주의 신앙관습은 바로 이 골로새서의 한 문장에 오중은사의 사활을 걸고 있다.* 우리 그리스도인들은 이 한 문장에 근거를 두고 "물론, 1세기에도 목사들이 있었지요."라고 말하는 것에 조심해야 한다. 신약성경에 딱 한 차례 그 단어가 나온다고 해서 그것이 오늘날 우리 교회가 행하는 관습이 바로 1세기의 그것이었음을 의미하지는 않기 때문이다.

이렇게 주장하는 것은 어처구니없는 짓이다. 빌레몬의 집 거실에서 그리스도의 한 몸을 이뤄 살고 있던 그들 안에, 오늘 우리가 보고 있는 그 목사가, 오늘 우리가 보고 있는 그 목사의 일을 하면서 앉아 있다고 상상해보라.

오늘 우리가 말하는 그 복음전도자는 1세기에 존재하던 그 복음전도자가 아니다. 오늘 우리가 선지자라 부르는 사람은 1세기에 존재하던 그 선지자가 아니다. 현대교회 안에서 봉사하는 교사들은 1세기에 활동하던 그 교사가 아니다. 우리가 아는 그 목사는 확실히 빌레몬의 집에 모였던 그 사람들의 모임과 아무런 연관이 없다.

---

* 역주 : 독자들은 좀 의아해 할 것이다. 신약성경 전체에서 단 1회 등장하는〈엡4:11〉"목사"라는 한 단어에 현대교회 모든 신앙관습의 정당성을 걸 수 있는지에 대해 저자가 의문을 제기하는 것은 이해가 되는데, 문제는 그 텍스트를 에베소서가 아니라 골로새서로 언급하고 있기 때문이다. 혹시 저자가 에베소서를 골로새서로 착각하는 것일까? 인내하시고 좀 더 읽어 가시라

복음서에서 계시록까지 오늘날의 목사들이 하고 있는 그런 일**을 당신은 도무지 찾을 수 없을 것이다. 어디에서도! 오늘날의 목사직을 신약성경에 의해 입증하려면 당신은 필히 신약성경을 왜곡하거나 독립적인 몇 구절에 의존해야만 가능할 것이다. 1세기의 이야기 속에서는 목사를 발견할 수 없다. 전체의 이야기가 성경 몇 구절을 짜 맞추는 것보다 우선한다. 이야기가 구절보다 우선한다는 말이다. 만약 당신이 현대적인 목사를 그 이야기 속에서 찾지 못한다면 현대적인 개념의 목사는 1세기에 존재하지 않았다. 그리고 그 비슷한 것조차도 존재하지 않았다. 나아가 바울이 교회를 일으켜 세웠던 그 방식으로 심겨진 교회는 현대적인 의미의 "목사"를 만들어낼 수도 없었다. 그렇다면 우리는 이제 누가 기독교 역사 속에서 오늘날의 목사를 만들어냈는지 정확하게 알게 되었다. 그것은 종교개혁 기간에 마틴 루터에 의해 불쑥 역사의 한 복판에 튀어나왔다.

정직하게 말하면!

현대적인 의미의 "오중사역"을 정당화하기 위해 골로새를 근거로 삼는 것은 전혀 효력이 없다. 오늘날의 목사, 교사, 복음전도자, 그리고 예언자들을 빌레몬의 거실에 옮겨보라!

그 점을 염두에 두고 63년의 로마로 건너가 보자. 에바브라, 두기고, 그리고 드로비모가 거기서 우리를 기다리고 있다.

그렇게 신약성경의 네 편지는 그 한 해에 기록된다.

** 역주 : 아픈 사람을 혼자 심방하고 교회의 성장에 대해 홀로 책임지며 결혼식이나 장례식에서 홀로 설교하고, 교회의 직원을 자신의 손으로 뽑기도 하고 해고하기도 하며, 예배중 절반의 시간동안 홀로 말씀을 전하는 일 등

63년

에바브라는 63년에 로마 여정에 올랐다. 그는 바울에게 많은 질문을 가지고 있었다. 이 당시 에바브라의 나이가 서른쯤 되었을 거라 우리는 추정한다.

에바브라의 모국어는 에베소의 방언과 같았다. 그것은 에베소 출신인 두기고와 드로비모가 사용하는 언어이기도 했다.

에바브라가 로마에 가기까지의 여정을 살펴보자. 골로새에서 로마까지 가려면 우선 골로새에서 에베소까지 걸어야 한다. 그 다음 그리스까지 배를 탄 다음 다시 도보로 그리스를 건너 브린디시Brundusium로 가는 배에 승선해야 했다. 그다음 로마를 향해 북쪽으로 걸었다. 에바브라가 그리스를 건널 때 빌립보에 들렀다는 것은 의심의 여지가 없다. 이것은 그가 빌립보 교회를 방문했음을 의미한다.

도망자

이쯤해서 이야기는 아주 재미를 더해간다! 골로새의 빌레몬에게는 "유익한"이라는 뜻의 그리스 이름을 가진 노예가 한 사람 있었다. 우리가 영어로 "오네시모"라고 부르는 그의 이름은 "유익한"이라는 말의 그리스 식 발음이다. 빌레몬이 오네시모를 노예로 사들였을 때 그는 자신의 선택이 유익한 것이기를 바랬다. 그러나 아니었다. 빌레몬이 "유익한"이라고 불렀던 이 노예는 도둑과 도주자로 밝혀졌다. 그것도 그 방면에선 아주 기가 막힌! 오네시모는 반항적이었다. 그는 빌레몬의 재물을 훔치기조차 했다. 그리고 로마로 향하는 에바브라를 멀찌감치 떨어져 뒤따라가고 있었다. 뒤쫓아오는 오네시모를 에바브라가 발견했을 때는 골로새로 돌아가기엔 너무 멀리 온 상태였다. 에바브라는 오네시모를 로마에 데리고 가서 그의 문제를 어떻게 처리할지 바울의 의견을 묻기로 결정했다. 오네시모의 행동은 결국 사형에 해당하는 형벌이었다. 사형을 피해봐야 기껏 인두로 얼굴에 낙인이 찍히는 것이었다.

에바브라가 빌립보를 떠날 때 성도들은 그에게 다시 돌아와 달라고 간청했다. 그들은 또 감옥에 있는 바울을 위해 돈을 보내며 편지를 썼다. 편지는 에바브라가 빌립보로 다시 돌아와 장기간 머물 수 있게 해달라는 내용이었다. 에바브라는 빌립보에서 그리스 식 발음인 에바브라디도로 불렸다. 빌립보인들이 보기에 에바브라디도 같은 사람은 없었다.

그리스를 떠난 에바브라는 오네시모를 끌고 로마로 나아갔다. 도주한 노예를 끌고 바울이 있는 거리 주소를 물으며 로마 시내를 두리번거리는 소아시아 출신의 촌사람 에바브라를 상상해보라. 로마엔 거리주소가 없었고 단지 방향만 있었다. 그 당혹스런 상황에서 방향은 아무런 의미가 없었다. 두 남자가 만났을 때 바울은 빌립보인들이 보낸 편지를 읽고 나서 오네시모를 빤히 바라보았다! 바울은 에바브라가 아시아에 세운 자랑스러운 세 개의 에클레시아에 대해 귀 기울여 들었다. 그리고 깊은 감명을 받았다.

지금까지 기록된 문서 중 가장 그리스도중심적인 책

그리스도 안에서 이제 거의 30년을 살아온 바울이 골로새의 어린 에클레시아에 편지를 쓴다. 이 편지는 지금까지 기록된 문서 중 가장 그리스도 중심적인, 가장 기독론적인 서신이다.

첫 편지를 쓰고 나서 펜을 내려놓자마자 바울은 두 번째 편지, 즉 골로새, 라오디게아, 히에라폴리스, 이 세 교회가 돌려가며 읽을 회람서신을 작성하였다. 300년 후쯤, 이 편지에 잘못된 이름이 붙여진다. 불행하게도 이 편지에 "에베소서"라는 잘못된 이름이 붙여진다. 바울의 열 세 서신중에서 이 편지는 가장 심오한 내용을 담고 있다. 첫 번째 편지는 그리스도를 주제로 하고 있고, 아마도 동시에 기록되었을 두 번째 편지는 교회를 그 주제로 삼는다. 이 신비한 서신을 바르게 이해하고나면 우리가 오늘날 교회와 관련하여 알고 있는 대부분의 지식들이 빛을 바래게 된다.

이 두 번째 편지는 세 곳의 교회가 돌려가며 읽도록 작성되었다. 그래서 이 편지는 당연히 골로새후서, 또는 "골로새, 라오디게아, 히에라폴리스에 보내는 서신"이라는 이름이 붙어야 마땅하다. 이 편지는 결코 에베소에 보내진 편지가 아니다. 에베소는 이 편지와 아무런 관련이 없다.

여기서 잠시 멈추고 골로새서와 에베소서를 읽으라.

감히 에베소서라는 이름에 두 줄을 그어 지우고, 거기에 골로새후서라는 이름을 적어 넣을 수 있겠는가? 그렇게 하겠다면 내게 알리라!

때는 63년이다. 지금까지 바울은 로마에 있는 동안 두 개의 서신을 썼다. 그는 이 두 서신을 소아시아 중심에 있는 세 개 마을의 교회에 보냈다. 실제로는, 세 번째 편지가 있었다.

바울이 골로새서와 골로새후서를 마쳤다. 에베소서는 이 편지에 대한 적절한 이름이 아니다. 아니 적절한 이름이 될 수가 없다. 최소한 이 편지는 세 마을에 보내진 편지였다. 편지가 완성되었을 때 에바브라가 심각한 병에 걸렸다. 하지만 그가 몸져누운 것은 바울과 상의하여 오네시모의 문제를 처리한 이후였기 때문에, 오네시모와 관련한 또 하나의 편지가 있는데 ….

빌레몬에게 보내는 편지

빌레몬서는 실제로 아주 유머러스한 편지이다. 우리는 이 편지를 쓴 바울을 암시꾼Hinter이라 불러도 좋을 것이다! 편지는 암시로 가득 차 있다. 그는 빌레몬에게 오네시모로 인하여 잃어버린 돈을 거의 잊으라는 식으로 말한다. 오네시모에게 받을 돈이 있는 빌레몬은 바울에게 그보다 더 많은 복음의 빚을 지고 있다. 바울은 거의 오네시모가 바울 자신에게 유익한 존재라고 말하기도 한다. 비록 그가 빌레몬에겐 무익한 종이였을지라도! 오네시모는 수감된 바울 옆에서 수종을 들었다.

그렇기 때문에 바울은, 빌레몬이 바울을 봐서라도 오네시모를 용서해주어야 한다는 식으로 말한다. 그 다음 바울은 빌레몬에게 노예인 오네시모를 해방시키라는 암시까지 준다! 혹시라도 빌레몬이 바울이 주는 암시를 눈치 채지 못할 경우를 대비해서 바울은 이렇게 말하고 있다. "나는 곧 옥에서 석방될 것 같소. 그러면 당신을 방문할 생각이오. 나를 위해 방 하나를 준비해 주면 고맙겠소."

그렇게 되면 오네시모가 바울과 빌레몬의 집에 함께 머물게 되는 셈인데 감히 빌레몬이 오네시모를 죽일 수 있을까?

빌레몬이 오네시모의 목을 치거나 얼굴에 낙인을 찍은 사실을 바울이 알게 될 때, 그리고 그 사실을 알고 있는 바울과 한 집에서 살 경우, 빌레몬이 그것을 감당할 수 있겠는가!

이제 빌레몬서를 읽을 시간이다.

배꼽을 쥐고 이 책을 읽어야 한다.

63년에 일어난 또 다른 사건들

다음에 나오는 모든 일들이 63년에 일어난 일들이다.

바울이 네로 앞에 서게 될 시간이 가까웠다. 에바브라는 세 편의 서신을 들고 빌립보로 갈 준비가 되어 있었다. 그런데 중한 병에 들었다. 그는 거의 죽음 직전까지 갔음에 틀림없다.

디모데가 그 자리에 있었다. 오네시모 역시 마찬가지다. 디도가 거기 있었다는 것도 거의 확실하다. 여덟 도제 중 하나인 두기고 역시 그 자리에 있었다. 그는 에바브라처럼 소아시아 출신이었다. 두기고는 그리스어를 구사할 줄 알았고 골로새의 지방 방언도 구사할 수 있었다.

바울은 어떻게 해야 할까? 에바브라가 죽을지도 모른다.

빌립보에 보낸 편지

바울은 에바브라 편에 보내려고 했던 세 서신을 두기고에게 들려 보내며 그것을 골로새에 전달하라고 부탁했다. 두기고는 골로새로 가는 길에 빌립보에 들러야 했다. 그것이 두기고가 맡은 일이었다. 빌립보인들은 충격에 빠졌다! 두기고가 빌립보에 당도했을 때 거기 있는 모든 이들이 에바브라가 오는지에 대해 알고 싶어 했다. 두기고는 에바브라가 죽음 앞에 있음을 알렸다. 며칠 후, 두기고는 떠났다. 그의 목적지는 골로새였다.

빌립보인들은 참담했다. 그들은 즉각 "에바브라가 살아있는지"를 묻는 편지를 바울에게 보냈다. 두기고와 빌립보인들이 모르는 사이 에바브라는 회복되어 있었다.

바울은 빌립보 교회가 어떤지에 대한 보고를 직접 받았다. 두 여성 일꾼들 사이에 문제가 있었다. 바울은 꿇어앉아 연달아 편지를 썼고 이 역시 63년에 일어난 일이었다.

그런데 바울이 에바브라에게 던졌던 다음 말이 그를 충격에 빠뜨렸음이 분명하다. 그가 오늘날의 신학자들도 충격에 빠뜨렸으면 좋겠다. 바울은 에바브라를 빌립보의 사도라고 불렀다.

빌2:25, "너희 사자"라는 말이 실제는 "너희 사도"임역주

사도라고? 이 직분이 시혜로 베풀 수 있는 직분인가? 단지 14명의 사도만이 존재할 뿐 아닌가!! 두기고는 이제 막 소아시아의 중심부를 섬기는 직분을 맡았다. 에바브라에게는 그리스 북쪽 빌립보가 주어졌다!!

그 문장을 다시 읽으라. 바울은 에바브라를 사도라고 불렀다. 왜 그랬을까? 에바브라는 그럴만한 사람으로 증명되었다. 우리가 말할 수 있는 가장 정직한 대답은 이렇다: 한 사람이 교회를 세우고, 그렇게 세운 교회를 떠났는데, 그 교회가 율법주의와 제도권 밖에서 살아남았다면 그는 분명 보냄 받은 사람즉 사도-역주일 것이다. 오직 그리스도와 교회에 의해서 그의 삶을 조정해나가고 그의 생명이 끝나는 날까지 계속 보냄을 받는다면 그는 사도이다.

우리가 아는 바는 이렇다. 에바브라는 바울로부터 받은 편지를 들고 빌립보에 가서 보냄 받은 사람이 해야 할 일을 했다. 바울은 그 교회가 당면한 문제를 서신에서 다루었다. 이 문제를 가서 실제로 처리했던 사람이 누구일지 추정해보라.

왜 현대 번역가들은 그 말을 제대로 번역하지 않는가?

사도라는 그 말을 사도apostle로써 번역하려는 사람이 없다는 사실을 나는 알고 있다.빌2:25-역주 번역가들은 에바브라를 일꾼worker이라 칭한다. 그들은 또 그를 특사ambassador라고 부르기도 하고, 대표representative 혹은 사자라고 부르기도 한다. 그리스어가 원래 의미하던 뜻을 벗어나 애써 다른 어떤 의미로 해석하려 든다.

에바브라는 보냄받은사람에게 보냄받은사람이었다. 에바브라는 사도였다. 그는 "바울의 스타일"을 따라 세 개의 강력한 교회를 세웠고, 떠났으며, 그 교회들은 살아 남았다. 그 말사도을 다시 읽고 당신의 신학을 바꾸라. 열 넷 보다 더 많은 사도가 있었다.

아! 우리에게 바울이 겪은 만큼 고난 받으며 그가 받은 만큼 비난받는 사람이 있었더라면 … 우리에게 바울이 품었던 불굴의 인내를 품은 사람이 있었더라면 … 만약 우리에게 바울이 세웠던 방식으로 교회를 세우는 사람이 있었더라면 … 그리고 그가 교회를 세울 때 그리스도 안에 머물던 그 깊이로 교회를 세우는 사람이 있었더라면 … 또한 우리들에게 오늘날 자기 스스로를 사도라 칭하는 수많은 사람들이 없었더라면!!

오늘날 많은 사람들이 선지자가 아닌데 자신을 선지자라 여겨왔다. 많은 사람들이 교사가 아닌데 자신을 교사라 불러왔다. 그리고 수백만의 사람들이 목사라고 … 나는 이 문장을 완성하지 않을 것이다. 나 자신을 포함하여 우리들 중의 많은 이들이 스스로를 복음전도자라 불러왔다. 그럼에도 그들이 스스로를 칭하는 그 말의 의미는 1세기가 의미하던 그 의미와 전혀 다른, 즉 같은 용어를 사용하면서도 현대 우리가 의미하는 것과는 전혀 다른 어떤 의미였다.

그 편지

바울이 빌립보에 쓴 편지는 사랑의 편지였다. 빌립보는 그의 연인과도 같은 교회였다. 그는 그 교회와 함께 머물던 51년도의 기억을 생생히 추억하며 그 기억을 되살리는 것을 좋아했다. 편지를 마치고 나서 바울은 그것을 에바브라/에바브라디도에게 넘겨주었고 그는 편지를 들고 곧 그리스를 향한 여정에 올랐다.

이제 빌립보서를 읽을 시간이다.

63년이 계속되다

바울이 네로 앞에 출두하다

63년 어느 시점에 바울은 네로 앞에 섰다. 바울은 그의 무죄를 입증하려 필사적으로 애썼지만 네로가 재판에 할애한 시간은 불과 2,3초였다고 믿어도 좋다.

63년 말의 어느 시점에 바울은 감옥에서 풀려났다. 그러자 바울은 그가 최선을 다해 이루려던 그 일을 해냈다. … 로마에 젊은 교회를 남긴 것이다.

그 과정에 네로는 어떻게 해서 그리스도인들에 대해 듣게 되었다. 어디에서? 언제 … 듣게 되었을까? 바울은 빌립보인들에게 이렇게 말했다. "가이사의 집에 있는 모든 이들도 당신들께 문안합니다." 그 가이사의 집 누군가가 네로에게 복음을 증거 했을 것이다.

네로의 몽상

네로가 일천 에이커 이상의 정원으로 둘러싸인 역사상 가장 웅장한 새 궁전을 지으려고 꿈꾸기 시작한 것이 63년도였다. 그는 또한 거대한 동상colossus, 즉 바로 자신의 거상巨像을 세우려는 계획까지 세웠다. 연구한 바에 따르면 그것은 높이가 27m 혹은 42m가 되는 동상이었다. 심지어 네로는 로마의 이름을 자신의 이름을 딴 네로폴리스Nero-polis로 바꾸려는 생각까지 하게 되었다! 그런데 문제가 하나 있었다. 그의 웅장한 궁전을 지을 장소도, 그 정원을 만들 공간도 마땅치 않았다.

이스라엘

마침내 헤롯대왕 성전이 63년에 완공되었다. 그러자 단 1년 만에, 1만 8천명의 노동자들이 일시에 일자리를 잃고 그로인해 발생한 엄청난 실업자들이 유대를 재정적인 재앙으로 몰아넣고 있었다.

담네Damnaeus의 아들, 대제사장 여호수아Joshua가 단 1년짜리 제사장에 있다가 물러난 것도 이 해였다.

유대인들은 이방인 지도자에게 가이사랴의 통치권을 넘기지 말아달라고 네로에게 청원했다. 그 최종 결정이 유대인 대학살을 점화하는 기폭제가 될 것이다.

석방된 후 바울의 행방

감옥에서 일단 풀려난 후에 바울은 어디로 향했을까? 전승tradition에 따르면 그는 스페인으로 갔는데 실제로는 스페인근교Near Spain라 불리는 장소를 의미할 것이다. 한 가지 사실은 분명하다. 64년에 바울은 로마에 없었다. 그 해는 기독교 역사에서 가장 비극적인 해로 모두에게 너무나 잘 알려진 때이기에 바울이 로마에 있었다면 모두에게 알려졌을 것이다.

디도서, 베드로전서,

디모데전서에 대한 배경

64-65년

바울에 의해 기록되었지만 기록된 장소 미상

소아시아에 있는 디모데에게?

디도는? 베드로는? 그들이 어디에 있었는지는 알려지지 않는다.

여기에서 우리는 이 서신들에 거울을 비춰볼 뿐만 아니라mirroring: 당신 자신이 발신자, 즉 바울의 입장이 아닌 수신자, 즉 디도, 디모데가 되어 바울에게 응답하는 것-역주 이 중차대한 65년 한 해에 무슨 일이 일어났는지를 이해해야 한다. 로마 군대의 이스라엘 습격을 알아차리고, 유대인 신자들은 엄청난 규모의 행렬로 이스라엘을 떠나 피난길에 오르고 있었다. 그리고 이 피난민들은 바울에 의해 세워진 이방인 교회로 들어갈 터였다.

64년

이제 우리는, 모두에게 잘 알려진 그 슬픔과 공포의 해로 들어서고 있다. 로마가 화염에 휩싸인 것은 64년 7월 18일 늦은 밤이었다. 이 화재를 두고 그리스도인들이 비난을 받았고 그 비난은 얼마 후 대량 학살로 이어졌다.

불길은 대형 원형경기장 부근에서 시작되었다. 여러 지역에서 동시에 불길이 솟는 것을 병사들이 목격했다는 소문이 들렸다. 불은 곧 팔라틴 언덕 Palatine Hill 북쪽으로 옮겨 붙었다. 한 가지 사실만은 분명하다. 네로는 브리스길라의 집에서 모이는 그 작은 그리스도인 그룹을 맹비난했다. 당시 브리스길라와 아굴라 부부는 에베소를 방문하고 있었다.

불길은 5일 밤낮을 타올랐다. 열 네 구역의 도시 중 세 구역이 완전히 파괴되었고 일곱 구역은 부분적으로 불에 탔다. 단 네 구역만이 안전하였다. 살아남은 그 네 구역중의 하나가 바로 트랜스 티버Trans-Tiber였는데 대부분의 신자들이 거기 거주하고 있었고 그 때문에 그들이 방화의 유력한 용의자로 의심받게 되었다.

네로는 당시 26살이었다. 그는 뚱뚱했고, 축축한 눈으로 망상에 젖어 사는 편집증 환자였다. 백성들에 대한 그의 애정은 거의 식고 없었다. 당시 네로는 죽음을 단 4년 남겨두고 있었고 그것은 바울 역시 마찬가지였다.

네로는 신자들을 비난했을 뿐 아니라 급기야 그들을 체포했다. 그리고 그들을 두 그룹으로 나눈 다음, 한 그룹의 사람들에게는 피로 물든 동물 가죽을 뒤집어쓰게 하고 굶주린 개들을 풀어놓았다. 다른 한 그룹은 자신의 정원으로 끌고 가 그들의 몸에 피치pitch: 원유나 타르 같은 것들을 증류한 후에 남는 끈적끈적한 검은 기름찌꺼기-역주를 들이부은 다음 나무에 매달았다. 그리고 횃불을 들고 자신이 직접 이륜마차에 올라 매달린 신자들 밑을 지나며 한 사람씩 불을 질렀다.

초기 기독교 전승에 의하면 그 신자들 중 한 사람은 바울의 여덟 도제 중 하나였던 데살로니가 출신 아리스다고였다. 이제 일곱이 남았다.

그런데 여기 이해할 수 없는 일이 하나 있다. 바울은 브리스길라의 집에 모이는 그 작은 신자 그룹에 편지를 쓴 적이 있다. 우리가 로마서 8장이라 부르는 곳에서 바울은 이렇게 말했다.

누가 우리를 그리스도의 사랑에서 떼어내겠습니까?

시련이겠습니까?

고난이겠습니까?

핍박이겠습니까?

굶주림이겠습니까?

헐벗음이겠습니까?

위험, 아니면

칼이겠습니까?

그렇지 않습니다. 우리를 사랑하시는 그리스도를 통해

우리는 이 모든 시련들을 넉넉히 이길 수 있습니다.

나는 분명히 믿습니다.

죽음이나 생명도

하늘의 천사나 이 땅의 주권자도

현재의 일이나 다가올 일들도

힘 있는 어떤 것들도

높은 어떤 것들도

깊은 어떤 것들도

창조된 어떤 것들도

우리를 하나님의 사랑에서 떼어놓지 못할 것입니다.

그리고 그 하나님의 사랑이

바로 우리 주 예수 그리스도 안에 있습니다.

이 말씀은 로마에 자리를 잡은 지 얼마 안 된 신자들을 위해 바울이 58년에 주었던 말씀이다. 그런데 6년 후, 이 말들은 모두 예언처럼 원형경기장과 네로의 정원에서 현실이 되었다.

예루살렘교회가 한 두 차례 소멸된 적이 있었던 것처럼 이제 로마교회도 당분간 소멸되었다.

49년, 클라우디우스는 유대인들을 미워했고 유대인들의 메시아에 적개심을 드러냈다. 이제 그리스도인들을 미워하고 그리스도인들의 메시아에 적개심을 드러내는 사람은 네로임이 이방인 신자들의 믿음에 의해 드러났다. 유대인의 메시아에 적대적인 적그리스도 한 사람과 그리스도인들의 메시아에 적대적인 또 한 사람의 적그리스도!

적그리스도란 바로 이 황제, 저 황제, 늘 똑 같은 그 황제를 의미하는 말이었다.

이스라엘

이스라엘에서는 대제사장, 시카리파, 로마군인들, 그리고 성전 경비병까지 납치에 가담하고 있었다. 그것은 대제사장이 로마 총독에게 뇌물을 바침으로 성립되었다. 처음부터 총독의 지배는 이스라엘을 다스리는 데 제한적일 수밖에 없었다. 노상강도, 산적들, 그리고 시카리파가 대도시를 제외한 이스라엘 대부분을 장악하고 있었다.

알비누스Albinus가 물러나고 플로루스Florus라 불리는 총독이 부임했다.64-66 플로루스는 이스라엘의 마지막 총독이 될 것이다.

플로루스에 대한 한 역사가의 비평이 여기 있다.

> 플로루스는 성전 금고에서 17달란트나 되는 금을 가져갔다. 그의 권력은 도시 전체를 약탈했다. 그 다음 플로루스는 예루살렘을 장악하고 다스리려 시도했다.요세푸스

이스라엘은 마치 "알라모"Alamo: 1836년, 텍사스 독립전쟁 당시 텍사스 주민 186명이 멕시코 정규군 1천명과 맞서 싸우다 완전히 포위되어, 수비하던 미국인 대부분이 죽은 사건-역주 같은 운명으로 치닫고 있었다.

> 이스라엘엔 일촉즉발의 전운이 감돌았고 모두가 그것을 느낄 수 있었다. 플로루스는 개인적인 부를 축적할 수 있을까 기대하며 유대로 갔다. 요세푸스

64년 말, 여전히 몇몇 유대인들은 로마에 대하여 수동적으로 저항해야 한다고 주장했지만 그 수는 점점 줄어들었다. 대제사장은 데오빌로Theophilus의 아들 맛디아Matthias였다.

네로의 궁전 건축이 시작되다

대략 64-65년경, 네로는 불에 탄 도시 중심지의 소유권을 주장하였다. 주장만 할 뿐 아니라 그는 실제 소유주에게 대금을 지불하거나 다른 정착

지를 제공하지도 않고 그 터를 몰수해 자신의 것으로 삼았다. 너무나 많은 적들을 만든 것이 네로에겐 패착이었다. 자신의 사유지를 잃은 사람들 가운데 많은 이들이 원로원 의원들이었다. 하지만 네로는 개의치 않고 드넓은 공원과 호수에 둘러싸인 자신의 웅장한 궁궐을 짓겠다는 계획을 추진해 나갔다. 그 궁궐은 2 에이커에 달했다. 공원은 무려 125 에이커에 달했는데 그것은 로마의 3분의 1이었다!

화재로 인해 발생한 비용과 궁궐 및 호수를 건축하는 비용은 로마 전체에 엄청난 재정긴축을 몰고 왔다. 그러자 정치인들은 언제나 그들이 하는 짓을 했다: 금과 은전의 크기와 무게를 줄이고 데나리우스고대 로마의 금화와 은화—역주의 가치를 낮추는 짓!

네로의 아내인 포페아는 딸을 낳았으나 얼마 못가 곧 죽고 말았다. 오래지 않아 그녀는 다시 임신하였다. 포페아와 그 뱃속의 아이에게 벌어진 65년의 사건을 우리는 곧 알게 될 것이다.

네로는 이제 죽음을 4년 앞두고 있었다. 포페아는 단 1년.

65년은 유대에 사는 유대인 신자들에겐 잊을 수 없는 해였다. 이제 두 사도가 서신을 작성하느라 바빠질 것이다. 한 사도는 유대인 신자들을 위해, 다른 한 사도는 이방인 신자들을 위해.

65년

　이제 우리는 이스라엘에 있어서나 로마제국에 있어서나 매우 중요한 또한 해로 접어들고 있다. 전쟁이 불가피하다는 사실을 누구나 알고 있었다.

　바울은 이 65년에 어디 있었을까? 스페인에 있었을까, 아니면 그곳을 벗어나 있었을까? 우리는 알 수 없다. 우리가 확실히 아는 바는 유대인 신자들이 집단적으로 이스라엘을 떠나고 있었다는 사실뿐이다.

　65년에 발생한 사건들은 바울로 하여금 디도와 디모데에게 편지를 쓰지 않을 수 없게 만들었다. 베드로 역시 65년에 탈출하고 있던 유대인 신자들에게 편지를 썼다. 세 편지 모두 하나의 문제를 다루고 있었다. 이 세 편의 서신서가 작성될 수밖에 없었던 상황을 이해하는 가장 좋은 방법은 바울이 디도에게 보낸 서신을 먼저 읽고, 그 다음 베드로서를 읽은 후 마지막에 디모데 전서를 읽는 것이다. 그 보다 먼저, 그 해 이스라엘에 무슨 일이 일어났는지를 이해하라.

히브리인들이 몰려오고 있다

　바울이 디도에게 말했던 서신의 중심내용은 분명했다.

　"자네는 지금까지 크레타 섬에서 많은 교회들을 세워왔네. 하지만 자네는 단 한 사람의 장로도 세운 적이 없었네! 많은 교회들에 … 현재 장로가 없네. 유대인들은 그렇지 않았지만 이방인들에겐 장로가 낯설었다. 유대인 교회엔 장로가 있었고 그들은 그 제도에 익숙했다 그러니 디도형제, 지금 즉시 크레타로 가게. 가서 각 도시마다 장로를 세우게. 서둘러야 하네. 유대인 신자들이 몰려오고 있으니 상황이 긴박하네."

　이스라엘에서 탈출하는 유대인 신자들은 이미 이방인 교회가 심겨져 있는 도시들로 쏟아져 들어오고 있었다.

여기 디도에게 보낸 바울의 서신에서 당신과 나는 교회가 오직 지역에 의해서만 구분되고 있다는 사실을 발견할 수 있다. 다시 말하면, 한 도시에 하나의 교회가 존재하는 것이다.

베드로가 동일한 서신을 보냄으로 바울을 돕다

이제 베드로 전서로 넘어가 보자. 편지를 시작하며 베드로는 자신의 편지를 받을 지역들을 실제로 열거한다. 그 장소들은 모두 한 도시에 하나씩의 교회, 그것도 이방인 교회가 존재하는 지역들이었다. 베드로의 편지가 담고 있는 주제는 바로 이것이다

"당신들예루살렘을 떠나는 유대인 신자들이 이방인 도시에 도착해 각 교회에 들어가게 되면 그 교회에 이미 세워진 권위에 복종하십시오."

이제 디모데서로 넘어가보자. 디모데 역시 디도보다 나을게 없었다. 이방인 사역자들은 장로에 중심을 두지 않았다. 편지 속에서 바울은 장로를 세우라고 디모데에게 긴급하게 지시한다. 유대인 신자들이 몰려오고 있기 때문이다!

디모데는 장로가 무엇인지 몰랐을까?

여기에 의아한 부분이 하나 있다. 바울은 장로가 무엇인지를 디모데에게 설명하고 있다. 이것은 어처구니없는 일이다.

디모데는 이미 바울과 18년을 함께해오고 있다! 그는 거의 십 수 개의 교회들이 세워지는 것을 도왔을 뿐 아니라 예루살렘 교회까지도 방문한 적이 있다. 그가 장로란 직분이 무엇인지 몰랐을까?! 이건 … 있을 수 없는 일

이다! 이 설명은 분명 디모데를 위한 정보가 아니었다. 하지만 디모데는 장로가 무엇인지를 설명하는 바울의 편지를 필요로 했다. 왜냐하면 디모데가 장로들을 세울 때 교회들이 바울의 편지를 보며 디모데가 하려는 일을 이해할 수 있었기 때문이다. 한 가지 사실만은 분명하다. 베드로와 바울은 이방인 교회들에 장로를 세우고 있는데 그렇게 함으로써 장로직분에 친숙한 유대인 신자들이 이 할례 받지 않은 장로들을 끌어내리지 않을 것이기 때문이다.

바울은 지금껏 이방인 교회들을 세워왔다. 비록 그 자신은 의도하지 않았을지라도 그 이방인 교회들은 이스라엘에서 달아나는 그리스도인 유대인들의 안식처가 되어주었다. 70년 즈음, 이방인 교회가 세워진 지역 외에 유대 그리스도인들이 갈 곳은 마땅치 않았다.

바울사역의 업적

이방인들의 믿음이 율법주의적 경향의 유대인 교회들에 우위를 점하려는 시점이었다. 마침내 이스라엘 내에 하나의 인종만ex. 유대인 모이는 교회는 존재하지 않게 되었다.

할례가 은혜에 승리를 내어주고 있었다.

우리는 여기서 잠시 멈춰 서서 시몬 베드로에게 감사의 인사를 하고 넘어가야 할 것이다. 흩어지는 유대인 신자들에게 편지를 보내 바울의 편지를 지원하기로 결정한 것은 베드로였을 것이다. 두 편지는 분명 서로를 지원하며 보충해주고 있다.

64년이 피로 물든 한 해였다면, 65년은 공포에 젖은 한 해였다.

베드로는 유대인 신자들에게 이렇게 편지를 시작했다: 본도, 갈라디아, 갑바도기아, 아시아, 그리고 비두니아에 재류외국인으로 흩어져 거주하는 택하심을 받은 사람들에게 … 베드로전서 1:1, 2

이미 바울에 의해 교회가 세워졌던 모든 장소들을 일일이 언급한 후에 베드로는 도피하는 유대인들에게 그 교회의 권위아래 복종할 것을 강권했다.

65-66년까지, 많은 망명자들이 이스라엘 내의 대학살을 피해 달아나고 있었고 이때 이방인 교회들이 달아나는 유대인 신자들을 받아들이고 있었다.

이스라엘은 인류 역사상 최악의 내전에 휘말리고 있었다.

이제 디도서, 베드로전서, 디모데전서를 읽을 시간이다

이와 동시에 디모데후서의 배경이 이제 시작된다.

바울은 로마감옥에서 디모데후서를 기록했다. 이때 디모데는 어디에 있었을까? 67-68년의 겨울이 닥치기 전, 디모데는 드로아를 지나 서둘러 로마로 향하던 중이었을 것이다. 디모데후서에 끼어들어 당신이 바울의 편지를 받는다면 이 편지가 매우 감정에 기댄 편지임을 발견할 것이다. 그것은 디모데의 마음에도 울컥 다가갔음에 틀림없다. 이 편지에 언급되는 사람들의 이름을 주의하여 보라. 요한 마가가 바울의 친구가 되었음을 알게 될 것이다.

65년의 로마와 제국 내의 정황

로마, 로마의 황제, 그리고 로마 군대는 이스라엘에서 무력봉기가 일어나는 것이 시간문제임을 알고 있었다. 하지만 그들은 유대인들이 그 제국 내의 여타 민족들 중에서 얼마나 독특한지는 몰랐을 것이다. 유일신에 대한 그들의 헌신은 로마에 대한 혐오만큼이나 절대적이었다. 또 그들 속에 자리 잡은, "만약 우리가 봉기하면 메시아가 등장할 것이다"라는 믿음이 어느 정도로 깊은지 로마는 전혀 헤아리지 못했을 것이다.

네로의 아내 포페아는 다시 아이를 가졌다. 네로는 맹목적인 분노로 아내와 태어나지도 않은 아기를 짓밟아 죽게 했다. 65년의 일이었다. 이 사건은 네로의 정신 상태를 보여주는 하나의 작은 창에 불과했다.

같은 해, 네로를 암살하려는 광범위한 음모가 발각되었다. 그렇지 않아도 편집증에 사로잡힌 네로는 그 증세가 악화일로를 치달았다. 로마의 65년은 강요된 자살과 살인으로 점철되었다. 네로의 스승, 존경받는 세네카조차도 자살에 몰렸고 그의 사유재산이 몰수당했다.

네로의 공식적인 콘서트에 참석한 사람들은 맘대로 자리를 뜨지도 못했다. 만약 그들이 그 방을 떠난다면 죽음에 해당하는 형벌이 떨어질 것을 잘 알고 있었기 때문이다.

이스라엘에서는 명목상의 총독 플로루스가 혼란을 다스려 보려고 고군분투하고 있었다. 광인 네로는 이스라엘의 내전을 외려 부채질하고 있었다. 네로는 이 모든 사안을 사인 한 획으로 결정해 버렸다.

가이사랴에 대한 이해

도시에 대한 관리감독의 주도권을 놓고 가이사랴가 경쟁으로 타오르고 있었다는 사실을 모두 기억하고 있을 것이다. 그러나 표면적인 경쟁 이면에 유대인과 시리아인들 사이에는 2백년에 걸친 적대적 관계가 숨어 있었다. 시리아인이 이스라엘을 제압하려 했을 때 시리아인을 제압한 쪽은 오히려 유대인들이었다.

그 일이 양쪽 모두에 거대한 복수심으로 남아있었던 것이다.

66년

네로는 그의 궁전과 주변 시설에 대한 건축계획에 착수했다. 수 천 명의 기공들과 군인들, 그리고 노예들이 동원되었다. 궁전의 화려함은 말이 필요치 않았다! 심지어 천장조차 값비싼 돌들로 장식되어 하늘의 별과 같은 분위기를 연출하였다.

이스라엘이 내전에 몰입하는 것을 보며 총독 플로루스는 성전 자금을 압수하여 착복하기로 결심했다. 이런 행위들의 결과는 폭동, 항거, 유혈참사를 불러일으키며 내전의 도화선이 되었다.

대제사장은 데오빌로Theophilus의 아들 맛디아Matthias였으나 그리 오래가지는 못했다.

역사가 요세푸스는 총독의 지배를 이렇게 요약했다. "그는 우리를 전쟁으로 몰고 갔다. 우리는 조금씩 멸망하기보다 차라리 한꺼번에 멸망하는 쪽을 택했다."

수천의 유대인이 학살되다

네로가 가이사랴의 전체적인 통제권을 놓고 시리아계 그리스인들의 편을 들었을 때 그것은 실제적으로 반란의 불을 지핀 것이나 다름없었다. 이 결정이 내려지자 시리아인들은 수천의 유대인을 사로잡아 원형경기장으로 끌고 가 거기서 그들을 학살했다. 그날 학살당한 유대인들의 숫자는 2천-2만 명으로 추정된다.

전쟁이 시작되었다! 66년의 일이었다. 예루살렘은 이스라엘의 새 수도로 불려졌다. 임시정부는 모든 부채를 탕감하고 "자유화폐freedom coinage"를 발행하였다.

하지만 …

이스라엘 내에 주도권을 놓고 경쟁하는 최소한 다섯 분파들이 있었다. 이중 가장 큰 분파가 시카리Sicarii와 젤롯당zealots이었다. 잠깐 동안의 승리가 주어지자 이 다섯 분파는 서로에게 전쟁을 선포하였다.

가장 잔혹한 내전

다음 두해66-67만에 이스라엘 인구의 절반 이상이 학살당했다. 유대인들이 유대인을 죽였다.

이스라엘 내의 각 사람마다 다른 유대인을 죽이거나, 아니면 그렇게 하려고 시도하거나 교사했다. 그러는 사이 로마는 엄청난 규모의 이스라엘 침략을 준비하고 있었다.

이 기간 동안, 이스라엘 경내에 독실한 유대인 신자들은 남아있지 않았다. 그들은 주 예수 그리스도의 말씀을 마음에 품고 있었다. "달아나라!"

새로 부임한 대 제사장 아나누스Ananus의 아들 아나누스Ananus가 이제 임시정부의 수장이 되었다.66-68 그는 죽음을 3년 앞두고 있었다. 그가 내전을 관장할 것이다.

그리스에서 일어난 우스꽝스런 일

66년 9월, 새로 맞은 아내세 번째와 함께 네로는 그리스 아테네에서 열리는 올림픽에 참가하고 있었다. 잔혹하고 타락한, 그리고 망상에 젖어 사는 네로가 이젠 어릿광대가 될 참이었다. 관람자가 아닌 실제 경기자로 올림픽에 참가한 네로가 그 올림픽에서 무려 1800개의 "메달을 따는 이변"이 일어났다! 이제 우리는 네로를 육상선수로 불러야 할 판이다. 웅변가, 배우, 가수와 시인인 네로가 이젠 육상선수와 어릿광대가 되었다. 아테네에 있는 동안 네로는 유대인들의 봉기를 진압하기 위해 플라비우스 베스파시아누스Vespasian Flavius를 임명했다. 이전에 네로의 콘서트 도중 꾸벅꾸벅 졸다가 죽을 뻔한 위기를 맞았던 베스파시아누스가 이번엔 유대반란의 진압군 사령관이 되었다. 그는 곧 로마 역사상 두 번째로 큰 규모의 군대를 모을 것이다. 그 해 말, 6천명의 로마 군인들이 진정한 로마의 위세를 과시하며 행렬을 지어 도시와 마을을 가로지를 터였다.

바울이 다시 체포되다

감옥에서 풀려나 2년 동안 자유의 몸이 되었던 바울은 다시 체포되어 로마에 수감되었다. 바울은 네로 앞에 서기 위해 어쩔 수 없이 또 한 번의 2년을 기다려야 했다.

이 해를 정리하면서 우리는 몇 가지 의문을 품게 된다.

베드로후서가 기록될 때 베드로는 어디에 있었는가? 우리는 사실 베드로후서가 베드로의 두 번째 서신이었다는 것조차 단정할 수 없다. 그것은 아마 그의 첫 번째 서신을 따로 떼어낸 것일 수도 있다. 정확한 것은 알 길이 없다.

그 외 66년에 기록된 기독교 문서에는 또 무엇이 있을까? 이 역시 우리는 알 길이 없다.

바나바가 히브리서를 기록할 마음을 품었을까?

히브리서의 저자에 대해선 많은 신학적 해석이 존재해왔다. 그러나 이에 대한 2세기 그리스도인들의 해석은 분명했다. 그들은 바나바가 그 서신을 기록했다고 믿었다. 그러니 우리도 그들의 판단을 믿을 수밖에 없다.

바나바가 그 일을 하기에 최적의 시간이었음은 분명하다. 유대인들은 그들의 영적인 유산과 역사적인 유산을 보존할 필요를 느꼈을 때이고, 이방인들은 유대세계에 대한 이해가 필요한 시점이었기 때문이다.예루살렘의 재난을 피해 많은 유대인들이 이방인 교회에 흡수되고 있었기 때문에-역주 히브리서는 그 양쪽 모두에게 유용했다!!

마가복음, 마태복음, 누가복음, 사도행전, 그리고 베드로전서뿐만 아니라 바울의 12서신이 모두 기록되었다. 히브리서와 디모데후서가 곧 등장할 것이다.

67년

우리는 이제 광기로 점철된 혼란의 해로 접어들었다.

이스라엘에서 일어난 재앙은 스스로 자초한 학살, 아니면 엄청난 국가적 자살이라고밖에 달리 묘사될 수 없었다. 이스라엘 사람들은 서서히 서로를 죽이고 있었다. 이스라엘 내 절반의 유대인들이 서로에게 살해되었던 것으로 추정된다. 그 다음 알렉산드리아와 시리아 전역의 유대인들이 공격당하고 살해되었다. 이것은 정말 재난이었다.

예루살렘의 통치권은 열심당원들에게 넘어갔다. 시카리파는 성전을 장악하고 있었다. 모든 이들이 메시아의 출현을 고대하고 있었다.

육지와 바다 양쪽에선 베스파시아누스의 군대가 이스라엘 경내로 다가오고 있었다. 젊은 플라비우스 베스파시아누스가 그의 부친 베스파시아누스의 이스라엘 공격을 돕고 있었다. 그 역시 한 군단의 무리들을 진두지휘했다. 그가 아그립바 2세의 누이인 베아트리체Beatrice와 사랑에 빠졌다는 소리가 들렸다.

헤롯대왕이 건설했던 산꼭대기 요새, 마사다Masada고지가 시카리파의 손에 넘어간 것도 이 해였다.

한편, 황제는 올림픽에서 십종경기에 참여해 우승하고 있었다!

67년 말 즈음, 이스라엘 대부분의 지역이 정복당했고 예루살렘은 포위되었다. 전형적인 로마 병사들의 공격수법인 포위공격이 시작된 것이다.

그리스에 머무는 동안 네로는 세 명의 원로원 의원을 처형했다.

바울과 네로

이제 인생의 마지막 무대에 다다른 네로와 바울을 살펴볼 때다. 네로는 그리스에, 바울은 감옥에 있었다.

믿을 수 없지만! 네로는 모든 경기에서 우승했다. 더 믿기 어려운 것은, 그리스인들이 당시 4년 동안 치룰 경기보다도 더 많은 체전을 1년 만에 아테네에서 모두 열기로 결정한 것이다.

선수들이 아테네에 도착하기를 기다리는 동안 네로황제는 이스트미아 Isthmian Games대회고대 고린도에서 2년마다 포세이돈을 기념하기 위해 개최된 대회. 상으로 소나무 화관이 수여되었다−역주에 참여하기 위해 고린도로 내려갔다. 11월 21일, 네로는 그리스인들이 더 이상 로마에 세금을 내지 않아도 된다고 선언했다. 자신도 모르는 사이에 네로는 자신의 사형집행에 사인을 하고 있었다! 로마에선 원로원이 격앙되어 있었다.

거기 고린도에서 네로는, 에게해海와 아드리아해를 연결하기 위해 고린도 지협을 가로지르는 운하를 건설하겠다고 선포했다. 순금으로 된 삽을 손에 들고 네로는 운하로 이동될 첫 삽을 떴다. 그 다음 아테네로 돌아와 그리스에서 열리는 모든 경기에 참여했다. … 몇 주 만에 치러진 모든 경기에.

감옥에 수감된 바울은 자신에게 사형이 내려질 것을 확실히 알고 있었다.

그리스에서 있었던 네로의 우스꽝스런 짓들이 소문으로 제국 전역에 돌았다. 네로는 스스로를 조롱거리로 만들고 있었다. 우리가 이제 가보려는 곳은 …

디모데후서의 배경

바울이 66년 아니면 67년에 다시 체포되었을 때, 그리고 그가 자신의 운명을 가를 제 2차 공개변론을 바로 앞 둔 시점에 디모데후서의 배경이 시작되었다.

디모데후서

바울은 디모데에게 편지를 보내 68년의 겨울이 닥치기 전 로마로 와달라는 부탁을 했다. 우리는 당시 디모데가 어디에 있었는지 알 수 없다. 아마도 소아시아 근방에 있었을 것이다. 바울은 또한 디모데에게 망토와 양피지사본을 가져와달라 부탁하며 요한 마가를 데려오라고 했다. 바울이 요한 마가를 로마로 부른 것은 헬라어로 된 그의 복음서를 라틴어로 번역하기 위함이 아니었을까?로마에 정착한 새 신자들에게 그리스도의 생애를 가르치기 위해-역주 디모데에게 쓴 이 두 번째 편지는 아마도 67년 늦여름 아니면 초가을에 발송되었고, 감옥에서 기록된 것이 분명하다.

우리는 이제 이탈리아 로마의 역사에서 가장 잘 알려진 인물의 죽음과, 길리기아 다소의 역사에서 가장 잘 알려진 인물의 죽음에 접근해볼 것이다.

이제 디모데후서 …

열 세편의 바울 서신중 마지막 편지를 읽을 시간이다.

68년

네로는 1800개의 메달을 따서 로마로 복귀했다. 그는 자신이 정정당당한 경기를 통해 메달을 획득했다고 실제로 믿는 것 같았다. 네로가 로마로 복귀했을 때 그는 자신의 궁전이 완성된 것을 보았다. 그때 네로가 이렇게 말했던 것으로 전해진다. "마침내 사람이 살만한 장소가 되었군!" 지금은 황금궁전이라 부르는 그 새 집에서 네로는 많은 날들을 즐기지는 못할 것이다. 얼마 후, 원로원의 투표로 네로가 국적國敵으로 단죄되었기 때문이다. 며칠 후, 네로는 한 신하의 도움으로 목을 찔러 자살했다. 네로가 마지막으로 남긴 말은, "아, 예술가의 최후가 이런 것인가!"였다.

네로의 궁전과 그것을 둘러싼 호수와 정원이 실제 어디에 있었는지 당신이 궁금하다면 그 정확한 위치를 찾는 것은 생각보다 매우 쉽다.

베스파시아누스Vespasian Flavius가 황제가 되었을 때, 모든 정원과 호수, 그리고 궁전 대부분이 파괴되었다. 사로잡힌 2만 명의 유대인 노예들을 이용해 베스파시아누스는 네로의 궁전이 서 있던 곳에 경기장을 지었다. 오늘날 그 경기장은 원형경기장Coliseum이라 불린다. 최근에 발굴되고 재건된 그 궁전의 유적 몇 점이 현존한다.

네로의 궁전은 어디에?

68년 어느 날, 바울은 로마 시민에게만 허락된 형벌, 즉 칼에 의한 즉결 사형으로 목이 잘렸다.

바울은 우리의 영웅이다. 그럼에도 오늘날조차 바울로 인해 어려움을 겪는 사람들이 있을 것이다. 그는 끊임없는 갈등과 정치지도자들의 혐오 속에 휘말렸고 지역 주민들과 광신자들의 미움을 받았다. 과연 누가 그와 같은 삶을 다시 살 수 있을까? 오늘날조차 바울은 인터넷 상에서 사람들의 논쟁거리와 표적이 되고 있다.

그와 같은 삶을 살도록 유전자를 타고난 사람은 없다. 그리고 그가 겪었던 수많은 거절과 고통, 끊임없는 비난과 조롱을 잘 견디도록 유전자를 타고난 사람도 없다.

누가가 바울의 전기행9-28장를 기록한 것에 대해 우리는 하나님께 감사해야 할 것이다. 누가의 전기문으로 인해 바울에 대한 조작된 이야기들과 실제 사실들이 어느 정도나마 균형을 이루게 되었다.

68년쯤, 베스파시아누스의 군대는 예루살렘 성문 앞에 닿았다. 바로 그 때 네로의 사망 소식이 들려왔다. 베스파시아누스는 자신이 세상에서 제일 큰 군대조직을 가지고 있다는 사실, 즉 황제가 될 가장 좋은 조건에 있다는 사실을 잘 알고 있었다. 베스파시아누스는 그의 군대 중 일부를 그의 아들 티투스 베스파시아누스Titus Vespasian에게 넘기고, 자신은 남은 거대한 군대를 이끌고 느긋하게 로마로 복귀하기 시작했다. 그와 그의 군대가 로마 경내로 들어설 때쯤 원로원은 베스파시아누스를 다음 황제로 선포했다.

우리의 1세기 여정도 이제 막바지에 이르고 있다. 또한 오늘 우리의 기독교와 너무도 다른 1세기의 기독교, 그 초대교회에 대한 여정도 막바지에 이르고 있다.

어쩌면 이 시점에서 중대한 국면의 전환이 있을지도 모르겠다. 바로 당신, 즉 이 책을 읽고 있는 독자들에게 말이다.

바울의 편지를, 그것이 원래 기록된 순서대로 읽을 때 새로이 다가오는 하나님의 말씀이 얼마나 많은지 이제 발견할 수 있을 것이다. 뿐만 아니라, 신약성경 전체에서 엮어져 나오는 그 이야기와 1세기 교회의 모델을 이제 당신은 소유하게 되었을 것이다.

때는 68년이다. 여덟 형제들과 나머지 사람들은 어떻게 되었을까?

바울이 죽던 시점, 여덟 형제들의 대략적인 나이

68년 겨울

디도	43
디모데	38 원문에는 '48'로 표기되어 있다-역주
바울이 디모데에게 "사람들이 형제의 연소함을 업신여기지 못하게 하게."라고 말했을 때 그의 나이가 35살이었다.	
가이우스	45
아리스다고	41
아리스다고는 64년에 죽었다.	
세군도	41
소바더	41
두기고	39
드로비모	39
누가	59

이 사람들도 잊지 말자

브리스길라	46
에바브라	35
바울	58

바울이 죽던 시점, 교회들의 나이
68년 겨울

갈라디아지역의 교회들	나이
바시디아 안디옥교회	21년
이고니온교회	21년
루스드라교회	20년
더베교회	20년

그리스지역의 교회들	
빌립보교회	17년
데살로니가교회	17년
베뢰아교회	17년
고린도교회	16년

소아시아지역의 교회들이후 소아시아는 그야말로 교회로 가득차게 된다	
에베소교회	14년
드로아교회	14년

이탈리아에 세워진 하나의 교회	
로마교회	10년

69년

69년 7월, 로마는 새로 등극하는 황제에 들떠 있었다. 그해 12월 1일, 원로원은 공식적으로 베스파시아누스를 새 황제로 선포했다. 70년 1월, 베스파시아누스는 점잖게 황제의 자리에 올랐다. 그의 아들 티투스 플라비우스는 자동적으로 다음 황제의 반열에 오르게 되었다.

그렇다면 69년, 기독교 세계에서는 무슨 일이 일어났을까? 그 페이지는 공백으로 남아있다. 실제로 100년까지에 이르는 기독교 세계의 일들이 잘 알려지지 않은 상태로 남아있다. 그 미지의 세계는 120년 때까지도 계속된다.

69년 당시엔, 지금 우리가 가지고 있는 신약성경 27권 중 21권이 기록된 상태였다.마가, 마태, 누가, 요한복음, 사도행전, 바울의 13서신서, 베드로전서, 후서, 그리고 히브리서 그중에 거의 절반이 69년 즈음에 기록되었다. 6권이 더 있지만 우리는 그것들이 언제 기록되었는지 정확히 알지 못한다.

70년

　우리는 이제 세속 역사가 말해주는 자료에 의지해 1세기의 기독교를 알아보려 한다. 우리는 70년에 들어섰다. 그 해에 티투스 플라비우스는 그가 포위한 예루살렘 성안에서 사람들이 인육을 먹는다는 소식을 들었다. 그는 포위를 풀고 대대적인 공격을 감행해 성전내부로 침투해 들어갔다.도시는 이미 69년에 함락 당했다 로마 군인들이 일단 성전 안에 들어간 이상 살아남을 자는 아무도 없었다. 그럼에도 그 마지막 순간까지 유대인들은 그들의 메시아가 등장하기를 기다리고 있었다.

　성전은 70년 8월에 티투스에게 넘어갔다. 성벽에 남아있는 두 개의 탑을 제외하고 도시 전체가 파괴되었다. 이렇게 파괴된 예루살렘은 130년까지 수습되지 않은 상태로 남아있었다. 한 때 성전이 있었던 곳엔 아폴로 동상이 세워졌다. 이스라엘 전역에서 약 2만 명의 유대인들이 사로잡혀 로마의 원형경기장을 짓는 일에 노예로 끌려갔다.70-78 세상을 떠들썩하게 만들었던 40년의 세월은 그렇게 막이 내렸다. 그나저나 신약성경 중 남은 6권은?

남은 6권의 서신서는 언제 그리고 어디서?

히브리서

신약성경 스물일곱 권중에 스물두 권은 그 안에 많은 역사적인 자료를 가지고 있다. 그리고 그 역사적 자료들은 우리에게 날짜, 장소, 상황 그리고 배경과 같은 정보를 제공해준다. 그 외 다섯 권의 서신서는 어떤 상황도 우리에게 알려주지 않고 있다. 그것들이 언제 어디서 기록되었는지 우리는 알 수 없다.

학자들은 다섯 권 모두 네로의 핍박과 베스파시아누스의 어린 아들, 티투스에 의한 핍박이 가해지던 시절, 혹은 그 즈음에 기록되었다고 보는 의견에 동의하는 듯하다. 이런 의견들은 이 문서들의 기록시점을 64-68년으로 상정하는 것이고, 아니면 약 90년으로 늦춰 잡을 수도 있다. 다섯 권중 어떤 것들은 64-68년, 어떤 것들은 대략 90년으로 상정할 수 있다는 말이다. 단지 히브리서만은 68-70년 즈음에 기록되었을 거란 단서를 우리에게 준다. "디모데가 옥에서 풀려났다."는 구절이 바로 그것이다.^{히 13:23}

바나바가 히브리서를 썼을까? 정말 68-70년에 기록했을까? 어디에서 기록했을까? 우리로서는 알 수 없다. 그러나 2세기 신자들이 히브리서를 바나바가 기록한 것으로 확신했다는 사실만큼은 우리가 알고 있다.

야고보서

야고보서는 언제 기록되었는지 우리에게 힌트를 주지 않는다. 빠르게는 40년 즈음 일수도 있고 늦게는 65년 즈음 일수도 있다. 저자는 요한의 형제 야고보나 예수님의 형제 야고보일 것이다.

유다서

유다서가 기록된 시기 역시 우리는 모른다. 그것은 아마도 예루살렘이 파괴되기 직전이나 직후에 기록되었을 것이다. 그것이 학자들의 추정이다. 날짜와 시점에 대한 또 다른 추정들이 있지만 여러 검증 앞에서 그 설득력을 잃는다.

요한 일, 이, 삼서

요한에 의해 기록된 세 서신서는 사도 요한이 그 저자이다. 요한이 이스라엘에서 에베소로 옮긴 이후에 이 편지들이 기록되었을까? 편지는 일반적으로 소아시아의 여러 교회들이 수신자인 것으로 추정된다. 추정 가능한 두 가지 기록시점이 있다. 이 서신들은 실제적인 시간개념보다 신학적인 "마지막 날"을 바라보는 관점으로 기록되었다. 그 한 시점은 요한 1서가 65-70년 어느 쯤에 기록 되었다는 의견이다. 다른 한 시점은 대략 90년으로 그 시점을 상정한다.

요한이 언급한 적그리스도에 대해 말하자면, 우리는 그것이 황제를 의미한다는 사실뿐 아니라, 당시 제국 내 일반 백성들의 마음속엔 누가 황제가 되던, 칼리굴라로부터 도미티아누스까지 언제나 한 사람, 한 인격, 늘 동일한, 영원한, 무한한 그 황제 한 사람이었다는 사실을 직시해야 한다. 49년 유대인들이 기다리던 메시아를 적대하며 그들을 핍박했던 황제-적그리스도-도, 64-68년, 그리고 대략 90년경, 그리스도인들의 메시아를 적대하여 그들을 핍박했던 황제-적그리스도-도 사람들에겐 언제나 동일한 한 황제였다. 그 황제가 바로 적그리스도였다. 적그리스도는 황제라는 한 인격 안에 존재하는 여러 사람이었고 여러 인격이 통합된 한 사람이었으며 영원히 존재하는, 유대인들이 믿는 메시아[49]도 그리스도인들이 믿는 메시아[64-90]

도 믿지 않고 적대하는 언제나 그 자리에 있는 한 인물이었다.

　기독교문서의 배경에 대해 거의 무지하여 단지 성경의 구절들을 여기저기 가위질해 짜 붙이고 논리적인 비약을 일삼았던 1800년대 영국의 몇몇 성경교사들이 이러한 배경을 모른 채 요한 1서를 잘못 해석하는 실책을 범했던 것이다!

요한계시록

　계시록을 신비하고 수수께끼 같은 편지ex, ~교회의 사자에게 편지하라—역주라고 말하는 것 자체가 벌써 계시록에 대한 의미를 부여한다.

　만약 종말론적 관점으로 본다면, 이 편지의 기록시기를 대략 68년경이나 90년쯤으로 잡아야 할 것이다. 앞의 날짜68년경를 선택한다면 그것은 네로가 살아있는 동안 요한이 이 편지를 기록했음을 의미하고 이 편지에 네로가 직접 언급되고 있음을 뜻한다.물론 상징적으로!—역주 아니면 적어도 네로가 죽은 지 얼마 되지 않았을 때, 즉 네로가 죽지 않고 환생했다는 소문이 떠돌 때 기록된 것으로 보아야 한다. 그렇다면 이 편지는 네로의 통치기간 동안 그리스도인들을 위로할 목적으로 보내졌을 것이고, 편지를 받았던 이들은 편지의 내용이 의미하는 바를 곧바로 이해했을 것이다.

　널리 수용되는 또 다른 관점은, 그리스도인들에 대한 도미티아누스Domitian 황제의 가공할 핍박이 주어지던 90년 어느 시점에 기록되었다는 의견이다. 이 두 시기–68년 아니면 90년–중 한 시기에 요한은 밧모 섬에 유배된 채 생존해 있었다. 그렇다면 서신의 기록 시기는 그리스도인들이 핍박받던 85~90년경일 것이고 편지의 수신자들은 읽는 즉시 그 내용을 이해했을 것이다. 요한계시록을 해석하는 다른 하나의 관점은 하나님께서 이 서신을 1840년!이 될 때까지 인봉하셨다는 해석이다. 관점의 엉뚱함 만큼이나 많이 이 해석은 폭 넓게 수용되어 왔다. 그렇다면 어떤 사람이 이 서신의 인봉을 뗄 때인 1800년대까지 이 책은 인봉된 상태로 있어야 한다. 그리고 그들이 단정적으로 가르쳐온 그 주장조차 깨달을 자가 없어야 맞다. 그런데 그들은 그 인봉된 사실을 어떻게 알았을까!

어떤 관점을 취하든지 선택은 당신 몫이다.

이 책의 목적

　이 책은 단 한 가지 목적을 가지고 기록되었다: 첫 세기 그리스도인들의 신앙에 오늘 우리들의 신앙의 실제를 비춰 보는 것!

　오늘날의 교회관습은 대부분 콘스탄티누스300-337 시대, 그리고 종교개혁 시대1520-1670에 그 뿌리를 두고 있다. 그 말은 오늘날 우리의 신앙적 관습들이 성경에 뿌리를 두지 않았다는 말이다. 교회가 걸어온 질곡의 역사 가운데 그저 여기서 조금 저기서 조금 무작위로 끄집어내 그것을 신앙처럼 둔갑시켜왔다는 것을 의미한다.

　　맞다. 우리는 그렇게 해왔다. 우리 나름의 전통을 세워놓고선 그 전통에 왜곡된 성경구절을 붙여놓고 그것을 성경적이라고 정당화 시켜왔다. 그러나 그것은 정직하지 않은 짓이다. 비록 많은 이들이 그것을 받아들일지라도 그것은 성경적인 것이 아니다.

　우리가 던져야 할 질문은 단순하다. 지금 우리가 행하는 관습들을 지금처럼 끝없이 계속할 것인가? 그리고 그것을 마치 성경적인 것처럼, 그리고 성경에 기초한 것처럼, 마치 그것이 첫 세기의 기독교인 양 계속 꾸며댈 것인가? 아니면 첫 세기 기독교의 모습을 온전히 발견하여 전심으로 그 모범을 따를 것인가! 이를테면, 순회하는 교회개척자를 두고 유기적인 교회의 본성으로 돌아가는 모범 말이다.

　요약하면 이렇다. 이 책은 세상을 흔들었던 첫 세기 40년! 그때의 교회가 알고 있었고 경험했던 그 믿음의 실제와 영적인 깊이로 돌아갈 마음이 있는 이들을 위해 기록되었다.

좀 더 분명히 말하자면, 이 책의 저자인 내가 이 땅에서 보고 싶은 마지막 장면은 누군가 성큼 다가와, "우리 유기적인 교회를 세웁시다 … 이제 성경으로 돌아가 유기적인 교회가 어떤 것인지를 봅시다."라고 말하는 모습이다. 아니 그보다는 차라리, 여러분들이 모인 방으로 누군가 성큼 걸어 들어와 이렇게 말하는 것을 허락해 달라, "내가 여러분에게 주님 예수 그리스도를 실제적으로 만나고 경험하는 길을 가르쳐 드리겠소. 이제 나는 여러분에게 얼마간의 실제적 조언을 드리며 여섯 달 동안을 함께 머물겠소. 그런 다음 1년 혹은 2년간 여러분을 떠나 있겠소."

그런 날이 올 수만 있다면!!

사랑하는 나의 독자들에게,

나는 신약성경을

그것이 원래 기록된 순서대로 읽는 일에

여러분을 초청한다

...

지금부터 영원히.

이 거룩한 싸움에 함께 하시겠는가?

미리 말해둔다.

여기에 이르는 주소는 없다.

만약 당신이 이 전장에 나서기를 정말 희망할 때

당신은 앞서 이 길로 들어선 사람들과

접촉할 방법이 생길 것이다.

사실상, 어떤 피조물도 당신을 막아서지 못한다.

도움이 되는 말

이 방법으로 당신의 신약성경을 읽으라

사도행전 1-13:1

구 분	기록 시기
갈라디아서 그 배경이 시작되는 곳: 행13:1, 사도행전 본문: 15:40	50년 여름
데살로니가전서 그 배경이 시작되는 곳: 행15:40-18:1, 사도행전 본문: 18:1	51년 11월
데살로니가후서 그 배경이 시작되는 곳: 행18:1-5, 사도행전 본문: 18:5	52년 4월
고린도전서 그 배경이 시작되는 곳: 행18:5-19:23, 사도행전 본문: 19:23	57년 여름
고린도후서 그 배경이 시작되는 곳: 행19:23-20:4, 사도행전 본문: 20:1-4	57년 가을
로마서 그 배경이 시작되는 곳: 행20:1-4로마서 16장, 사도행전의 끝 28:31	57년/58년 겨울
골로새서	63년
에배소서	63년
빌레몬서	63년
빌립보서 위 네 권의 배경: 58-63년	63년
디도서	65년
디모데전서	65년
베드로전서 위 세 권의 배경: 63년	65년
디모데후서 배경이 시각된 해: 65년	67년

바울이 그의 서신들을 기록했던
사도행전 속의 여섯 위치 표기하기

사도행전이 끝나는 부분까지 당신의 신약성경에 이미 표기된 세 곳이 있다. 행15:40; 18:1,5; 19:23-역주.

그렇다면 한곳이 남아있는 셈이다. 행20:1-3, 3-4 역주.

사도행전에 표기해야 할 곳들:

갈라디아서: 사도행전 15장 40절

△갈라디아서의 배경이 시작되는 곳 – 행13:1.

△갈라디아서가 기록된 시점 – 50년 늦봄.

△이 편지 후 1년 반 지나서 다음 편지가 …

데살로니가전서: 사도행전 18장 1절

△데살로니가전서의 배경이 시작된 곳 – 행15:40-18:1.

△데살로니가전서가 기록된 시점 – 51년 11-12월.

△이 편지 후 네 달 지나 다음 편지가 …

데살로니가후서: 사도행전 18장 5절

△데살로니가후서의 배경이 시작된 곳 – 행18:1-5.

△데살로니가후서가 기록된 시점 – 52년 4월.

△이 편지 후 5년 지나 다음 편지가 …

고린도전서: 사도행전 19장 23절

△고린도전서의 배경이 시작된 곳-행18:5-19:23.

△고린도전서가 기록된 시점-57년 늦봄.

△이 편지 후 격정어린 4달을 보냄.

고린도후서: 사도행전 20장 1-3절

△고린도후서의 배경이 시작된 곳-행19:23-20:4.

△고린도후서가 기록된 시점-57년 가을.

△약 한 달-세 달 후에 다음 편지가 …

로마서: 사도행전 20장 3-4절

△로마서의 배경이 시작된 곳-행20:1-4, 롬 16. 여기 로마서 16장에 나
　오는 사람들은 57년 가을 혹은 초가을에 로마 브리스길라의 집에서
　회합하기 위해 바울이 로마로 보냈던 사람들이다.

△바울은 그 후 57-58년 겨울에 로마서를 썼다.

사도행전 끝 (28:31)

이후 바울이 또 다른 서신을 작성하기까지 5년의 시간이 흘러야 한다.
이것으로 사도행전이 우리에게 제공하는 역사는 끝이 났다.[62]

서신들 사이의 시간간격

갈라디아서–데살로니가전서	1년 반[50-51]
데살로니가전서–데살로니가후서	4개월[52]
데살로니가후서–고린도전서	5년[52-57]
고린도전서–고린도후서	4개월[57]
고린도후서–로마서	4개월 미만[57-58]
로마서–골로새서, 에베소서, 빌레몬서, 빌립보서	5년[63]
골로새서–디도서, 디모데전서	2년[65]
디도서, 디모데전서–디모데후서	2년[65-67]

각 서신들 사이에 발생했던 사건들을 잘 알아두라. 그러면 당신은 놀라운 성경학자가 될 것이다.

서신들이 기록되었던 장소

서신서	참조	시점	기록장소/수신장소
갈라디아서	행 15:40	50년 늦봄	안디옥→갈라디아
데살로니가전서	행 18:1	51년 11월	남그리스→북그리스
데살로니가후서	행 18:5	52년 4월	남그리스→북그리스
고린도전서	행 19:23	57년 늦봄	에베소→고린도
고린도후서	행 20:1-3	57년 가을	빌립보→고린도
로마서	행 20:3-4	57/58년 겨울	고린도→로마

사도행전이 62년도에 끝났다는 사실을 기억하라. 52년부터 62년까지 단여섯 권의 바울서신이 기록되었다. 이 외 신약성경 중 62년 이전에 기록된 것은 아마 마가복음과 마태복음이 유일할 것이다. 대부분의 문서들은 사도행전이 끝난 후에 기록되었다. 다시 말하면 대부분의 다른 문서들은 63-70

년 사이에 기록되었다는 말이다.

사도행전이 끝난 이후에 기록된 기독교 문서들

이제 당신의 성경 여백에 표시해놓을 단 두 개의 표기가 있다. 1〉각 서
신서의 배경이 시작된 시점. 2〉서신서가 기록된 시점.

서신서	시점	기록장소/수신장소
골로새서	63	로마→골로새
에베소서	63	로마→골로새
빌레몬서	63	로마→골로새
빌립보서	63	로마→빌립보
디도서	65	로마→그레데Crete?
디모데전서	65	로마→소아시아
베드로전서	65	베드로→탈출유대인
디모데후서	67	로마→네압볼리

이외 다른 모든 서신들의 기록시점은 알 수 없다. 히브리서…68? 베드로후
서…66? 야고보서, 요한 1,2,3서, 유다서, 계시록 68 또는 90?

신약성경을 연대순으로 보는 것만으로도
우리에게 주어지는 12가지 유용한 도움들

지금까지 성경을 연대기적으로 읽어나가는 것만으로도 얻게 되는 중대
한 도움들에 대해 알아왔다. 신약성경을 연대순으로 계속해서 읽다보면 당
신은 자연스럽게 무엇을 더 공부하고 어느 부분을 보충해야할지 스스로 그
방법을 발견하게 된다. 그래서 다차원적으로 성경을 보게 될 것이다.

시대, 날짜, 그리고 장소와 같은 단순한 문제들이 종종 당신의 눈을 활짝 열어줄 새로운 발견들을 가져다 줄 수도 있다.

1. 바울서신의 기록연대

우리는 바울 서신들을 기록된 시대 순으로 배열해왔다. 그로인해 형성된 맥락으로부터, 당신은 바울의 인생 중 어느 시점에 무슨 일이 로마와 그 제국과 이스라엘, 그리고 교회들 가운데 일어났는지 발견할 수 있다.

2. 바울서신의 올바른 순서

갈라디아서; 데살로니가전서; 데살로니가후서; 고린도전서; 고린도후서; 로마서; 골로새서; 에베소서; 빌레몬서; 빌립보서; 디모데전서; 디도서; 디모데후서: 이 모든 문서들이 50-67에 기록되었다.

3. 바울서신들 간의 시간차

바울의 각 서신들 사이엔 하나의 서신이 기록된 후 다음 서신이 기록되기까지의 시간 간격이 존재한다. 그 시간 동안에 무슨 일이 일어났는지를 공부하라. 그러면 그 서신에 대한 이해의 세계가 당신 앞에 열린다. 바울 서신들 간에 일어난 사건을 아는 것은 결정적이며 핵심적이라고까지 말할 수 있다. 한 서신이 기록되고 다음 서신이 기록되기까지 걸린 시간을 메모해두라. 그러면 그 다음 편지가 수정같이 환하게 눈에 들어온다. 각각의 편지에 대한 이해는 그 편지가 기록되기 전에 일어난 사건에 달려있다. 그때 일어난 사건들이 그 편지를 기록하게 만든 배경이 된다. 그 사건들을 메모해두고 편지를 이해해보라.

4. 서신들의 배경

편지가 작성되기에 앞서 일어난 편지의 배경이 되는 사건들.

실례: 갈라디아서가 기록된 배경은 사도행전 13:1, 47년 봄에 시작되었다. 이 갈라디아서의 배경은 사도행전 15:40, 50년 봄까지 계속된다.

5. 서신이 기록된 장소는 어디며, 어디로 보내졌는지

어디에서–어디로는 중요하다. 편지는 한 도시에서 기록되어 다른 도시에 있는 교회로 보내졌다.

실례: 갈라디아서는 50년 봄, 시리아의 안디옥에서 기록되었다. 그리고 소아시아 중심부인 갈라디아 지방의 네 교회에 보내졌다.

6. 바울의 여덟 젊은이

바울이 불러 훈련시켰던 여덟 젊은이들의 명단이 있다. 68년의 사건을 다루었던 부분을 보라. 누가가 사도행전에서 언급하기에 앞서 이들은 차례대로 등장해 전체 이야기 속에 녹아든다. 이들이 언제, 어디서, 어떻게 했는지가 비교적 분명하게 소개된다. 바울의 편지를 원래 기록된 순서대로 놓아보라. 이 사람들이 전면에 등장할 것이다.

7. 언제, 어디서, 누가, 어떻게?

이 여덟 젊은이 중 누가, 언제, 어디서, 어떻게 했는지를 유심히 보라. 그리고 이들이 경험했던 교회생활을 눈여겨보라. 바울이 교회를 일으켰을 때 이들 각 사람에게 어떤 일이 일어났는가? 또 바울이 에클레시아를 남겨두고 떠났을 때 이들은 어떻게 했는가? 이것은 1세기 교회를 이해하는 충격적인 정보가 된다.

8. 절기와 계절

달, 주, 날짜, 때와 정확한 시간까지 포함해 절기와 계절을 놓치지 마라. 첫 세기를 더듬어가는 여정은 표면적인 1차원적 관점에서 빠져나와 입체적인 3차원적 관점으로 들어설 때 시작된다.

9. 거리

도시와 도시사이의 거리, 한 도시에서 다른 도시로 이동하는데 걸리는 날짜 등은 우리가 더 실체적으로 1세기의 여정에 접근하도록 돕는다. 그것은 매우 느렸다!

> 도시와 도시사이의 거리를 이해하는 것이 우리에게 왜 필요할까? 이를테면 이런 것이다. 50년 봄, 예루살렘 공의회를 마치고 안디옥으로 내려올 때 예루살렘의 마가와 안디옥의 디도가 동행하게 된다. 예루살렘에서 안디옥까지는 약 480km이다. 오늘날엔 한 나절 정도의 여정이지만 당시엔 약 15일정도의 여정이었을 것이다. 그리스도께 헌신하기로 결정한 한 청년이 그리스도께 헌신하기로 결정한 다른 청년과 함께 걸어서 15일을 여행했다고 가정해보라. 그 사이에 얼마나 많은 얘기를 얼마나 깊이 있게 나누겠는가! 당시 디도는 안디옥 교회가 서기까지의 놀라운 이야기를 마가에게, 그리고, 예수님의 십자가를 목격한 마가는 그 분의 생애에 대한 생생한 스토리를 디도에게 해주었을 것이다. 그것이 그 두 젊은이의 이후 삶에 미친 영향을 상상해 보라. 이것이 도시와 도시사이의 거리를 이해해야 할 중요한 이유 중의 하나이다. -역주

10. 사람들의 나이

사람들에게 나이를 부여하는 것, 이 역시 성경을 볼 때 지금까지 적용하지 않던 영역이다. 속단이라면 양해하시라. 그럼에도 불구하고 각 사람의 나이를 어림잡는 것은 전혀 새로운 이해를 가져다준다. 40년 동안30-70 등장하는 인물들의 나이를 추정하는 것은 우리가 이전에 성경을 대할 때 가지고 있던 고집스런 관점들에 새로운 통찰력을 제공해준다. 우리는 지금 시대개념이나 장소적인 개념, 그리고 배경, 문화, 인구, 지형, 거리, 기후, 계절 등의 이해가 부재한 신약성경을 가지고 있다. 그런 정보에 대한 빈곤은 이상하고 기괴하고 해석 불가능한 용어들, 또 알쏭달쏭하고 혼란스런 용어들에 엉뚱한 의미를 갖다 붙이는 관습을 낳았다. 또 이런 혼란은 사람들의 마음을 현혹시키는 성경의 특정 구절에 집착하게 만드는 풍조verse-ism와 십자말풀이crossword puzzling같은 유행을 만들어내게 되었다. 그 결과 우리는 하는 수 없이 성경에 대한 진지한 이해를 포기하고 마침내 하나님의 말씀을 읽는 것조차 흥미를 잃는 어려운 상황에 내몰리고 말았다.

11. 사회적, 정치적, 문화적 환경

기후, 인구, 문화, 지리, 주둔 군대에 대한 이해, 지형과 정치 등은 우리에게 더 깊은 이해를 제공하여 교회에 대한 형식적이고 정적인 이해로부터 빠져나오도록 돕는다. 그동안 우리는 일상적인 영혼의 빈곤을 무시한 채 격식을 바꾸는 것이 능사라고 믿어왔던 듯하다.

12. 사도행전의 매 장과 맞물리는 년도

사도행전의 각 장을 그 장과 맞물린 해당년도와 연관시켜 보는 방법이 있다. 이 방법은 우리가 첫 세기를 여행해오면서 줄곧 유지해왔던 방법이다.

우리는 과거 수 세기보다 훨씬 성경을 더 잘 이해할 수 있게 되었다.

이 모든 것보다 가장 중요한 것

바울 서신들 사이에 무슨 일이 일어났는지 아는 것이 가장 중요하다. 그것이 지난 1800년 동안 우리에게 묻혀왔던 많은 비밀들을 풀어내는 열쇠이다.

우리에겐 바울의 각 서신들에 앞서 발생했던 일, 그리고 그 사이에 일어났던 일을 연구할 책이 절실하였다.

성경구절과 맞선 이야기의 승리

성경을 구절로 쪼개어 보는 풍조는 1560년에 등장하였다.

오늘날은 그러한 풍조가 서신서 전체를 덮어버렸다. 이제 성경을 구절로 쪼개어 보는 것은 거의 하나님과 같은 지위에 이르렀다.

이야기를 들어본 적이 없기 때문에 성경구절을 떼어다 붙이면 그것이 곧 "성경적"인 가늠자가 되어버렸다. 1세기 전체 역사를 이야기로 엮어본 경험도 없이, 우리는 구절을 따라 주제 넘는 해석들을 해온 것이다.

우리는 다음 세대에 건네 줄 모델을 가진 적도 없었고 별 없는 밤하늘을 인도할 북극성도 없었다. 아니 그보다는 단절된 성경구절의 바다를 헤엄쳐 왔다는 표현이 적당할 것이다. 지피에스GPS도 없는 지도자들은 허기진 그리스도인들에게 일시적인 희망을 주기위해 때마다 변하는 성경구절에서 단서를 뽑아냈고 우리는 그들의 어림짐작에 매달려왔다.

문제는?

솜씨 좋게 짜 맞춰 놓은 성경구절과, 깨어지지 않은 전체 줄거리 중 어느 것이 우선할까?

　구절은 문장 앞에 조그만 숫자가 붙여진 한 문장 혹은 여러 문장으로 된 성경말씀을 말한다. 만약 내가 여기서 한 구절, 저기서 한 구절을 뽑아내어 그것을 조합한다면 새로운 말씀이 나오긴 하겠지만 그것은 깊이 없고 성급한 결론으로 빠질 수밖에 없다. 그렇게 도출된 결론이 만약 전체 이야기와 모순된다면 어떨까? 그땐 어느 것이 더 우선할까? 이야기가 구절보다 우선한다. 이야기는 어떤 구절이나 멋진 조합보다도 우위를 점한다.

　이야기는 우리에게 자이로스코프선박이나 항공기용 나침반과 자동조종장치-역주를 주고 북극성이 되어준다. 구절을 뽑아 사용하는 것은 종잡을 수 없는 진로로 우리를 안내한다. 구절에 대한 장황한 해석이 하나님의 말씀에 대한 신령한 영감과 동일시 될 수는 없다. 바울의 편지를 그 고유한 순서대로 놓아보라. 그러면 구절을 뚫고 이야기가 걸어 나올 것이다. 신약성경 구절들을 뽑아내 늘어놓는 장황한 해석들은 이제 이야기에 길을 내주어야만 한다.

　기독교문서 속으로 새로운 여정을 함께 떠나자.

　이 책은 여기서 끝이 났다. 그렇다면 이 책을 따라나섰던 우리는 지금 어디에 서 있는가?

　이 책은 우리를 거대한 갈등 한 가운데 남겨놓았다!

　만약 당신이 하나님의 말씀을 맡은 사람이라면 그 고민은 더할 것이다. 우리는 마침내 1세기를 함께 목격했고 그 1세기와 21세기 사이에 유사점이 없다는 사실을 알게 되었다. 솔직히, 우리가 지금 하고 있는 그것을 어떻게 성경적이라고 말할 수 있는가?

　우리는 1세기의 교회가 어떻게 세워졌는지를 함께 목격해왔다. 우리가 지금 교회와 관련하여 "하고 있는" 모든 방식들은 1세기의 그것과 토대가 다르다.

또한 우리는 바울이 사역자들을 어떻게 일으켜 세웠는지도 보았다. 우리의 세미나 방식과 바울이 일꾼들을 길러내는 방식엔 도무지 유사성이 없다.

이 책을 조용히 한쪽에 내려놓으며 우리 각자는 하나의 결정을 앞두고 있다. 우리가 하는 일이 성경적임을 주장하기 위해 몇몇 구절들을 뽑아내는 용도로 "신약성경"을 그렇게 사용할 것인가? 아니면 우리 믿음의 뿌리로 돌아가 그때 거기서 일어났던 그 모범을 쫓을 것인가? 구절들은 성경적이었던 1세기의 모델을 우리에게 보여주지도 않고 보여줄 수도 없다. 구절들은 원래의 기독교가 펼쳤던 그 위대한 장면들을 담아내지 못한다. 엄청난 변화를 꾀하던지 아니면 "신약 성경적"이라고 주장했던 것들을 그만두던지 우리는 선택해야한다. 길은 정해졌지만 우리의 신념과 용기는 도전에 직면할 것이다. 감히 그렇게 하려고 결단하는 이들을 위해 우리는 말할 수밖에 없다. "당신과 같은 종족을 퍼뜨리라" "당신과 같은 부류들이 생겨나게 하라"

이 책을 접했던 초기 독자 중 한 사람은 단순하지만 이렇게 분명히 반응했다. "우리가 현재 가지고 있는 기독교는 하나님이 의도하셨던 기독교가 아니었군요."

혁명의 불씨가 되라.

옮긴이의 글

동양에 대한 서양인들의 왜곡된 인식과 표현에 문제를 제기하며 1970년
대 후반, 팔레스타인계 미국인 학자 에드워드 사이드Edward W. Said는 오리
엔탈리즘을 수면으로 끌어올렸습니다. 오리엔탈리즘이란 동양을 〈신비한
나라〉로 대상화하고 그 〈신비한 나라〉를 〈탐색〉하고 〈침략〉해온 〈서양인들
의 동양 이해〉를 말합니다. 그러나 동양을 설명하기 위해 그들이 사용한 〈
신비한 나라〉는 서양인들이 서양인들에게 동양을 설명한 것일 뿐, 동양 스
스로의 자기 이해나 설명이 아니었습니다. 그들이 서양 중심적, 특히 '계몽
된 유럽 중심적 우월감'으로 동양을 '베일에 싸인 신비한 땅', 더 정확히는
'비근대적인 미지의 땅'으로 규정하고 지배해오는 동안 동양은 동양 스스로
도 모르게 〈서양이 동양을 설명〉한 그 오리엔탈리즘을 마치 동양 스스로 의
자기이해인양 받아들였다는 것이 사이드의 주장입니다. 그리고 이제 동양
은 동양 스스로 자신의 정체성을 설명할 때가 되었다는 것입니다.

나는 이 날카로운 자기 돌아봄을 사랑하는 우리의 교회에 옮겨놓고 싶
습니다. 20세기 들어 교회를 대상화한 많은 설명들이 존재해 왔습니다. 기
복주의교회, 근본주의교회, 자유주의교회, 은사주의교회 등등이 바로 그것
입니다. 그러나 이러한 설명들은 그리스도의 몸에클레시아에서 스스로를 구
별한 성직과 학문에 종사하는 사람들의 설명이었을 뿐 에클레시아 스스로
의 자기 인식이 아니었습니다. 우리 에클레시아가 언제 에클레시아 스스로

자기 몸을 설명한 적이 있었던가요? 주님을 따르는 것과 세속적인 복을 동일선상에 놓으라고 확신을 부여한 기복주의도, 우매할 정도의 맹신을 강제한 근본주의와 에클레시아의 심장마저 부인한 자유주의도, 그리고 십자가를 제쳐놓은 광신적 은사주의를 슬며시 교회 안에 들여놓은 것도 에클레시아 스스로의 선택이 아닌 에클레시아로부터 스스로를 구별한 특정 계급의 사람들이었습니다. 동양 스스로 동양을 설명할 기회자체를 박탈당해왔던 것처럼, 에클레시아는 스스로 에클레시아를 이해하고 설명할 기회조차 부여받은 적이 없었습니다. 그리고 이제 그렇게 지쳐 쓰러져 자신의 몸을 설명할 힘조차 상실한 에클레시아에게 몇 몇 선진적인 단체나 운동들은 "제자도"나 "공동체 삶"을 들이대며 강제하기도 합니다. "제자도"나 "공동체 삶"은 당연 에클레시아가 살아야 할 삶이 분명하지만, 자기 설명조차 잃어버린 이 땅의 에클레시아가, 특별히 우리 한국교회가 무슨 힘으로 그 성숙한 "제자도"와 "공동체적인 삶"을 살아낸단 말입니까? 참으로 눈물겹고 안타까운 현실이 아닐 수 없습니다.

이러한 상황에서 이 책이 한국교회에 소개되는 것은 어머니 성령님의 위로라고 나는 생각합니다. 이 책은 자신의 뿌리를 찾지 못해 탈진한 한국교회에 조용히 하나의 이야기를 들려줍니다. 놀라운 것은 그 〈이야기〉 속에 에클레시아의 출생의 비밀이 들어있다는 사실입니다. 〈이야기〉를 들으며 또 나누는 동안 우리는 우리 자신도 모르게 우리 신자들의 영토인 에클레시아의 DNA를 확인하며 우리 스스로를 이해하고 설명하게 될 것입니다.

〈이야기〉란 위대합니다. 한 교수의 십년 연구를 손가락 한 마디의 USB에 담는 것처럼 〈이야기〉는 그 안에 한 민족의 역사를 담기도 하고 한 가정, 한 부부가 걸어온 평생의 여정을 담을 수도 있습니다. 자신들의 삶이 위기에 처했을 때 그들은 그 〈이야기〉를 나누며 흩어진 삶을 추스르고 마땅히 살아야 할 삶으로 전진해 나갑니다. 이야기가 없는 민족은 불행합니다. 삶이 위기에 처했을 때 정체성을 회복할 부부의 이야기가 없는 가정은 불안합니다. 그런데 우리 교회는 그 이야기를 잃어버렸습니다. 신약성경을 수 백번 읽어도, 30년 아니 40년 50년 설교를 듣고 성경공부와 세미나에 참석해도 도무지 그 속에서 한 편의 이야기가 걸러지지 않습니다. 은혜로운 성경구절은 빨간 펜으로 밑줄도 긋고 암기도 하고 있지만 로마서를 읽어도 로마교회가 어떤 모습인지 떠오르지 않고 갈라디아서를 읽어도 갈라디아교회가 어떤 모습인지 도무지 그려지지 않습니다. 바울이 고린도전서를 쓴 뒤에 왜 두 번째 편지인 고린도 후서를 썼는지도, 에베소서는 에베소교회와 아무런 상관이 없는데 왜 에베소서로 불리는지, 바울이 한 번도 가본 적이 없는 로마교회에 편지를 쓰는데 어떻게 로마교회 신자들 한 사람 한 사람의 이름을 다 알고 있는지, 도대체 사건과 사건이 연결되지도 않고 머릿속에 그려지는 처음교회1세기교회의 영상 자체가 전무합니다.

이야기가 위대한 것은 이야기를 듣거나 나누다보면 이야기 속에 그려지는 그림이 있고 그 그림은 결국 우리의 삶을 견인하기 때문입니다. 책 한권, 영화 한 편이 사람의 인생을 바꾸어 놓을 때가 있는 것은 그 책이나 영화 속의 스토리가 그것을 보거나 읽은 사람의 내면에 어떤 그림을 창조하고 그렇게 창조된 그림이 그 사람의 삶을 견인하기 때문입니다. 이야기는 반드시 이미지를 창조합니다. 그리고 그 이미지는 〈모델〉이 되고 〈모형〉이 되고 〈모범〉이 되어 그 이야기를 나누는 개인이나 공동체를 견인하고 지지하게 되어 있습니다. 그런데 그토록 오래, 그리고 그렇게나 많은 설교를 듣고 수많은 성경공부와 세미나에 참석했음에도 우리에겐 우리의 어머니교회, 처음교회에 대한 아무런 이미지도 영상도 그림도 그려지지 않습니다.

그것은 우리가 신약성경에 대한 〈이야기〉를 상실했기 때문입니다.

이 책은 그 이야기를 상실한 우리의 불운이 어디서부터 시작됐는지 그 상실의 지점으로 우리를 데려간 후 넌지시 우리가 잃어버린 그 〈이야기〉를 들려줍니다. 그 이야기를 들으며 우리는 비로소 우리가 속한 교회의 〈모형〉 〈모범〉 〈모델〉을 떠올리며 우리 스스로가 우리 스스로를 설명할 수 있게 될 것입니다.

1세기 교회 당시의 로마역사와 이스라엘의 정황들이 유기적으로 섞여 있어 자칫 어려운 책이라는 인상을 받을 수도 있습니다. 그렇다면 그 부분을 건너뛰고 교회이야기만 읽어도 괜찮습니다. 깊이 들어가 에클레시아의 속살을 만지는 사람도 있을 것이며 멀리서 에클레시아의 실루엣을 보는 사람도 있을 것이고 조용히 에클레시아의 손을 잡고 그 체온을 느끼는 사람도 있을 것입니다. 이러면 이런 데로 저러면 저런 데로 이 책을 통해 만나는 처음 에클레시아의 〈이야기〉를 지인들과 공유해주길 부탁드립니다. 그리고 그렇게 되찾은 〈모범〉과 〈모델〉을 따라 함께 걷다보면 우리는 오래전에 잃어버린 에클레시아의 영토에서 분명 다시 만나는 감격을 누리게 될 것이라 믿습니다.